JOSÉ MANUEL AGUILAR

Tenemos que hablar
Cómo evitar los daños del divorcio

punto de lectura

José Manuel Aguilar (Madrid, 1968) es psicólogo clínico y forense, especializado en la evaluación y tratamiento de las patologías que se analizan en el ámbito de los tribunales. Ha escrito varios libros sobre estos temas, entre otros *S. A. P. Síndrome de Alienación Parental*, una *Guía para el Defensor del Menor* de la Comunidad Autónoma de Madrid y *Con mamá y con papá*, que se han convertido en referencia fundamental para padres, psicólogos y abogados de familia, así como decenas de artículos divulgativos de psicología, algunos de ellos traducidos al inglés y al ruso.

www.jmaguilar.com

JOSÉ MANUEL AGUILAR

Tenemos que hablar

Cómo evitar los daños del divorcio

Título: Tenemos que hablar
© José Manuel Aguilar, 2008
© De esta edición:
2009, Santillana Ediciones Generales, S.L.
Torrelaguna, 60. 28043 Madrid (España)
Teléfono 91 744 90 60
www.puntodelectura.com

ISBN: 978-84-663-2267-6
Depósito legal: B-5.041-2009
Impreso en España – Printed in Spain

Portada: Corbis

Primera edición: marzo 2009

Impreso por Litografía Rosés, S.A.

A los que piensan que la Tierra es plana,
la sangre no circula por el cuerpo
o el hombre no desciende del mono,
que tan grandes han hecho
a aquellos que se les opusieron.

Índice

II. La custodia

III. Situaciones de riesgo tras el divorcio

Agradecimientos

La mayor alegría que puede sentir una persona es la de andar por la vida teniendo que agradecer. Poder hacer algo semejante demuestra que no has estado solo. Pero también te recuerda que nada eres si no estás rodeado de otros que te hacen sentir que eres capaz, te levantan si estás cansado o te echan una mano si necesitas ayuda. Mi editora, María Cifuentes, es la responsable de que haya creído que tengo algo que contar. La cobardía y la mediocridad que diariamente veo en muchas actuaciones profesionales son las culpables de que no importaran las pocas horas de sueño. María Sanahuja, Julio Bronchal, Francisco Serrano y Justo Sáenz, en representación de todos mis colegas y amigos, me han aportado la ayuda necesaria para alcanzar lo ambicionado. Tras la lectura, no se olviden de citarlos al pedir cuentas.

Si todo sale bien, este libro llegará a manos de personas muy distintas en países distantes. Debido a la diversidad de normas, códigos y leyes, unos usan conceptos como tenencia, mientras que otros distinguimos entre patria potestad y guarda y custodia. Del mismo modo, en algunos países se utilizan términos como custodia física, custodia legal, tenencia compartida, corresponsabilidad parental o custodia compartida. Con ánimo de alcanzar una mayor claridad en la exposición, he decidido simplificar tomando el concepto de custodia para referirme a todos aquellos derechos y deberes que los padres tienen hacia sus hijos. Del mismo modo, he elegido el concepto de custodia compartida como término genérico que englobe al resto.

Sometido como me hallo a las reglas de la Real Academia de la Lengua y a las del buen gusto, he evitado expresamente utilizar cualquier lenguaje vasallo de la política.

Prólogo

Me une al autor del libro una experiencia común, como es haber sido insultados al tiempo en diferentes foros. Y ello, por compartir en muchos temas una determinada manera de leer el mundo. Pero en concreto, por analizar de un modo muy similar las consecuencias que deben derivarse, especialmente cuando existen hijos en común, de las rupturas de parejas. Así, utilizar técnicas que ayuden a disminuir la intensidad del conflicto y propicien acuerdos entre las partes, como es la mediación; pensar que la mejor solución en relación con los hijos e hijas, tras una ruptura de pareja y siempre que sea posible, es la custodia compartida, por los múltiples beneficios que conlleva —no sólo para los menores, sino también por posibilitar la igualdad de mujeres y hombres, al permitir que ambos tengan espacios para su vida personal y profesional—; crear lugares de encuentro que permitan que las relaciones entre padres o madres y sus hijos o hijas se mantengan tras la ruptura, al entender que los niños no se divorcian, y que no se pueden convertir en huérfanos teniendo padres vivos; exigir que los profesionales que intervenimos en los procesos de rupturas de parejas, jueces, fiscales, psicólogos, etcétera, lo hagamos partiendo de estudios rigurosos y profesionales, examinando la prueba en toda su extensión, pero con la agilidad suficiente para que las respuestas lleguen a tiempo.

En definitiva, me une al autor una amistad nacida en las condiciones adversas en que ambos hemos trabajado, cada uno desde nuestro ámbito, para que las relaciones entre las personas lo sean desde el respeto a los demás. Y nos hemos encontrado en el difícil intento de hacer uso de nuestro derecho a la libertad de expresión cuando, a pesar de vivir en un régimen político formalmente democrático, se imponen modos de actuar propios de regímenes totalitarios.

Hace cuatro años vivíamos en España un pacto no escrito por el cual no era posible decir públicamente lo que se pensaba en relación con los temas apuntados, así como respecto a la violencia sobre la mujer. Imperaba una autocensura, tanto o más eficaz que la que existía en tiempos del dictador, sobre lo que no se consideraba «políticamente correcto». Ser políticamente correcto parece consistir básicamente en mentir sin rubor, aunque ello suponga mirar impasibles el atropello de los derechos fundamentales de las personas que tenemos a nuestro alrededor. En el ámbito de las relaciones familiares se han impuesto una legislación y unas prácticas policiales y judiciales que están suponiendo un horror para miles de personas que las están padeciendo: niños, niñas, padres, madres, abuelos, abuelas, etcétera. La democracia se construye día a día por gentes que, como José Manuel, reflexionan sobre los problemas sin ocultar una parte de la realidad. Sólo de este modo pueden hallarse algunas soluciones. Por ello, estoy segura de que la lectura de las páginas que seguirán nos permitirá avanzar desde posiciones no sectarias, no maniqueas, no simplistas, sino tomando en consideración los diferentes aspectos que enriquecen el debate, para seguir aportando ideas en el proceso de civilización de los humanos que permita un mundo en el que la violencia, como comportamiento primario, vaya viendo reducidos sus espacios de actuación y permisividad.

Nos quisieron quitar la posibilidad de hablar en público. Yo misma fui denunciada por asociaciones supuestamente feministas en sede del Consejo General del Poder Judicial. Pero no lo consiguieron. No se puede negar la realidad porque es tozuda. Y los derechos sólo se tienen si se ejercitan. Ya se han ampliado los espacios de libertad y cada vez somos más los que decimos en voz alta lo que opinamos sobre los temas apuntados. Cuando se publique el libro estoy segura de que ya se habrá constituido un grupo de estudios sobre las relaciones familiares, formado por psicólogos, abogados, jueces, fiscales, catedráticos, etcétera, de toda España, y realizarán interesantes aportaciones que, sin duda, tendrán que ser oídas.

No se deben criminalizar las relaciones familiares tras la ruptura de las parejas porque para no solucionar el problema de la violencia sobre la mujer, se han creado muchos problemas nuevos. Porque no estamos llegando a tiempo para ayudar a las mujeres en situaciones graves de violencia; porque a las mujeres que no perciben las pensiones de alimentos de sus hijos les exigimos que vengan a los procesos acompañadas de profesionales a los que hay que abonar las minutas, sin que luego se trabaje debidamente para exigir esos pagos; porque se está deteniendo cada año a miles de personas, e incluso ingresamos a gentes en prisión por hechos leves; porque no hacemos lo debido para que los abuelos y abuelas tengan la imprescindible relación con sus nietos y nietas. Y sabemos que podemos trabajar de un modo mucho más eficaz, porque ya existen experiencias de muchos años en los países de nuestro entorno cultural.

Pero no cejaremos en nuestro empeño. Y lo conseguiremos porque existen personas como José Manuel Aguilar, a quien desde aquí envío un cordial y efusivo abrazo. Gracias, José Manuel.

María Sanahuja Buenaventura
Jueza Decana de Barcelona

Introducción

Un sabio afirmó hace tiempo que la relación más libre es aquella en la que el amor mutuo es superior a la necesidad mutua. Quien en estos términos quiso referirse a la relación de pareja, también quiso dejar recogida la facilidad con la que el amor se confunde con otros sentimientos, que, con más frecuencia de lo que cabría desear, vienen a torcer aquello que una vez fue hermoso en nuestras vidas. Este libro habla del divorcio y, aunque quizá le sorprenda, para hablar del divorcio he querido comenzar por aquello que le dio origen, lo que empujó a dos sujetos a unir sus vidas en un proyecto común que tuvo el final que ninguno de ellos hubiera deseado.

El divorcio es un elemento básico en la construcción de la sociedad actual. Los países que lo contemplan en su cuerpo jurídico entienden que forma parte del entramado con el que se tejen las relaciones humanas, sin que ya nadie se extrañe o escandalice por ello. El divorcio está actualmente tan arraigado en la conducta humana que hace falta hacer un esfuerzo para recordar la época en la que el matrimonio era considerado una etapa de la vida en la que el adulto se introducía para no volver a salir jamás. Tanto es así, que hoy en día toda unión de dos

21

sujetos, esté formalizada o sea de hecho, se sobreentiende bajo el prisma de la mutua conveniencia y del deseo de ambos miembros de la pareja, dejando fuera de discusión el hecho de que, en el momento en el que al menos uno de los miembros así lo desee, esa unión se romperá.

Todo ello ha cambiado la forma de concebir la relación de pareja. No hace mucho tiempo el matrimonio era el único lugar en donde se permitía la concepción de los hijos, las relaciones sexuales o la mera cohabitación de dos sujetos bajo un mismo techo. Sin embargo, en el momento actual, en países como Francia el número de hijos concebidos fuera del matrimonio supera al grupo de los nacidos en una relación formalizada por la Ley o la Iglesia. Y en toda Latinoamérica el número de parejas de hecho aumenta año tras año, de manera que, actualmente, más del 30 por ciento de los hogares cubanos se encuentran dirigidos por una mujer. En el caso de España, los matrimonios se rompen antes y con mayor frecuencia que hace una década, y, aunque todavía es superior la cifra de los que deciden unirse que separarse, ambas se van acercando cada año un poco más: según el Instituto Nacional de Estadística (INE), en 2006 hubo 210.132 matrimonios (4,7 por cada mil habitantes) frente a 145.919 rupturas (3,26 por mil habitantes).

Esta realidad no sólo ha provocado que en España haya aparecido el «divorcio exprés», una modalidad de ruptura que en apenas tres meses resuelve la situación, sino el hecho, insólito hasta hace poco, de las «bodas exprés». De la anterior cifra de matrimonios, más de mil duraron menos de un año, llegando a registrarse rupturas en el propio viaje de luna de miel. De cualquier forma, las cifras de divorcios de mutuo acuerdo siguen siendo superiores a la de divorcios contenciosos, aunque en los últimos años se aprecia una tendencia a que ambas se igualen.

La generación que en estos momentos se encuentra más afectada por el divorcio corresponde a los nacidos en los años sesenta y primera mitad de los setenta, cuyos matrimonios, de los que algo menos de la mitad tiene hijos, suelen durar una media de quince años. Se trata de una generación muy distinta a la de sus padres. Sus miembros han asistido a cambios individuales, sexuales, de género, sociales, tecnológicos o laborales que le han dado un carácter propio y diferencial, lo que ha afectado al modo en que se enfrentan al divorcio y, muy especialmente, a la crianza de los hijos tras la ruptura de la pareja.

La generación obediente

Lo primero que nos llama la atención es que esta nueva concepción de las relaciones de pareja ha sido empujada por la reelaboración de los papeles clásicos por parte de los protagonistas del divorcio. La generación que ahora se divorcia ha sido la responsable de llevar a cabo el cambio en el patrón de distribución de papeles entre el hombre y la mujer en el matrimonio, unos papeles que se habían mantenido durante el último siglo y que ellos pudieron conocer a través de sus propios padres. De aquel padre proveedor, lejano, siempre fuera del hogar, y de aquella madre afectiva, acogedora y dedicada al hogar y la crianza de los hijos, hemos pasado a la pareja de progenitores que trabajan fuera de casa, en muchas ocasiones con una alta formación académica tanto el uno como el otro, sumamente implicados ambos en su crecimiento profesional y con poco tiempo para la crianza de los hijos.

El tipo de infancia que esta generación conoció ha desaparecido, aunque en su caso al menos todavía pudo disfrutar algo de lo que sus padres habían vivido. En efecto, del paraíso rural infantil, con niños que corrían y jugaban libremente por las calles, ellos pasaron al paraíso urbano infantil, en el que corrían y jugaban —ya con menos libertad y descuido— por las avenidas y calles de su barrio. Sin embargo, sus hijos ya no han jugado en la calle, como lo hicieron las generaciones anteriores, sino en parques cercados por el trafico, en centros de ocio especialmente habilitados para ellos o directamente en casa. Esta diferencia, que pudiera parecer insustancial o puramente anecdótica, ha provocado que los hogares adopten estrategias que han afectado directamente a la forma que cobra la educación de los niños en las familias actuales. Tomemos un sencillo ejemplo: mientras en su infancia los padres gastaban las tardes en la calle, sus hijos se encierran ahora en sus habitaciones, pegados a una pequeña pantalla en la que juegan o conectados al ordenador hablando con sus amigos.

Si pudiéramos destacar un elemento claramente diferenciador de esta generación de padres, éste sería el hecho de que se cuestionan su papel, algo que jamás hicieron sus progenitores. Los propios padres son hoy los primeros críticos de la actuación de los padres actuales. Una y otra vez se replantean su comportamiento, buscan apoyo en profesionales de la psicología y la medicina, se comparan con otros padres y continuamente piensan en qué mejorar o en qué se están equivocando, algo impensable para el padre y la madre que ellos tuvieron. La autoridad paterna era incuestionable en sus mayores, tanto en el ámbito social como en el doméstico, y la palabra de los padres era algo que no se discutía. Cuando sus tutores reclamaban la presencia de alguno de sus progenitores en el colegio, con motivo de una bajada de notas o una pelea en el patio, los hijos temían no tanto lo que les dijera el docente, sino el castigo que recibirían en cuanto llegaran a casa. La palabra del adulto era ley.

Otra de las características que diferencian a esta generación de la anterior es su gran implicación en el trabajo. Antaño, esta situación únicamente se producía en el caso del varón, mientras que ahora también es la madre la que pasa la mayor parte del tiempo fuera del hogar, lo que inevitablemente provoca que tanto uno como otra tengan poco tiempo para dedicar a sus hijos. La primera consecuencia que podemos apreciar, muy fácil de descubrir en las conversaciones o en la consulta del psicólogo, es la incubación de un sentimiento de culpa del que sus padres carecieron. De manera que, al llegar al hogar, muchos padres actuales razonan que, para el poco tiempo que pueden estar con sus hijos, no van a dedicarlo a regañarles, desistiendo de su labor de educadores a favor de un mínimo tiempo de afecto. Esta permisividad suele transformarse en regalos, con los que muchos quieren lavar su mala conciencia o, sencillamente, comprar el cariño que no han podido cultivar.

Muchos de estos padres confunden también el amor de sus hijos por el respeto. Mientras que el primer sentimiento se elabora con los cuidados, el intercambio de afectos positivos o incluso con la mutua necesidad, el segundo es una construcción basada en la demostración de un valor o conocimiento superior. El respeto es un afecto que un sujeto se gana, construyéndolo con el tiempo, y no algo que se obtiene automáticamente por el hecho de ocupar un lugar determinado. Nosotros podemos mostrar educación hacia nuestro jefe, pero, si no nos demuestra su valía o conocimientos, no alcanzará nuestro respeto. Lo erróneo de su planteamiento se hace patente para estos padres cuando se ven en situaciones en las que su autoridad es puesta en entredicho, o cuando su palabra es criticada (si no directamente rechazada o minusvalorada) por parte de unos hijos cuyo respeto más que hacia ellos se orienta hacia su grupo de amigos o hacia su personaje televisivo de moda.

Resulta especialmente interesante observar cómo los hijos de hoy piden respeto a sus padres, cuando éstos, en cambio, se criaron bajo la premisa de que el respeto era algo que los hijos debían mantener hacia sus mayores. Esta situación hace que muchos padres hoy adopten una postura meliflua ante sus hijos, en un continuo pedir perdón si se ven obligados a «ejercer de padres» ante ellos. *Educar consiste en dar ejemplo, dar contenidos, modelos de comportamiento...; pero, fundamentalmente, se basa en poner límites, en marcar normas, horarios y marcos de referencia, dentro de los cuales los niños saben a qué atenerse y qué se espera de ellos.* En la generación actual decir «no» está mal visto, lo que provoca que los hijos se críen con pocos límites. Por otro lado, al sentirse los padres muy presionados por la posibilidad de la crítica social, aquellos que deberían ejercer como reguladores del comportamiento de sus

26

hijos suelen autolimitarse en el ejercicio de la autoridad, aun cuando éste se encuentre más que justificado.

Todo el tiempo que los padres pasan fuera del hogar es suplido con cuidadores profesionales, cuando no con la televisión o el ordenador, la niñera del mundo moderno. Los extensos horarios de trabajo, unidos al hecho de que los padres no quieren limitarse a la hora de hacer actividades sociales —gimnasio, baile de salón, yoga...— que sus iguales consideran fundamentales para su crecimiento personal, hacen que se empuje al niño a adquirir rápidamente estrategias de autonomía nunca antes conocidas. En los casos más extremos, podemos encontrar familias en las que los hijos, con su continua demanda de atención y cuidados, llegan a convertirse en una molestia para la comodidad de los padres, que no están dispuestos a renunciar a sus múltiples compromisos. Es entonces cuando aparece lo que se ha dado en llamar los «niños de la llave». Los padres de este tipo, al alcanzar sus hijos cierta edad y especialmente en la pubertad, comienzan a otorgarles cotas de independencia cada vez más amplias. Así, es habitual que éstos manejen las llaves de la casa, que llevan colgadas al cuello, de manera que pueden entrar cuando los padres aún no han llegado e ir haciendo sus tareas o merendando; o incluso puede que manejen dinero para coger un taxi con el que ir a hacer actividades extraescolares por la tarde.

La concesión de tanta independencia dificulta luego enormemente la imposición de límites. «Me consideras mayor para unas cosas pero no para otras», sería aquí la reivindicación más frecuente, generando un conflicto difícil de superar. Las figuras parentales se han construido débiles, sin merecer respeto, mientras que los hijos son cada vez más autónomos. No es infrecuente que se produzcan entonces confusiones respecto a los lugares que deberían ocupar unos y otros. Los hijos asumen responsabilidades y espacios que le corresponderían al adulto, mientras que los padres se ven relegados, incapaces de abordar los problemas que sus hijos les plantean, con una imagen desautorizada cuando no débil o carente de respeto (aquel que no han podido ganarse al encontrarse ausentes), y con hijos que los ven más como proveedores de recursos que como figuras de autoridad.

La realidad de esta generación actual no es resultado únicamente de los cambios que han afectado al papel de los padres. También ellos, los padres, han tenido un papel activo en la desautorización de otras figuras que, clásicamente, habían ejercido un papel muy relevante en la crianza de los hijos. Me refiero a la figura de los otros adultos en general y a la de los docentes en particular. Ya nadie regaña a un niño que tenga una conducta vandálica en mitad de la calle, entre otras cosas por temor a resultar denunciado. Pero peor es el lugar en el que se encuentran los docentes, cuya autoridad en el aula ha sido puesta una y otra vez en entredicho por los propios padres. Cuando hace unas décadas la madre acompañaba a su hijo a ver al profesor, le preguntaba a éste sobre las razones por las cuales el niño había suspendido. Hoy en día, cuando la madre lleva a cabo la misma visita en la hora de tutoría, reclama al profesor las razones por las cuales *él* ha suspendido al niño, trasladando así la responsabilidad al docente y liberando al niño de ésta.

Por otra parte, y en contraste con lo que ocurría con sus mayores, los padres de esta generación tienen más posibilidades de salirse del «guión» impuesto por la sociedad, lo que trae como consecuencia un mayor número de crisis personales y de rupturas matrimoniales. Todo ello genera, a su vez, un nuevo escenario de problemas. Si los padres se divorcian, los procesos de desautorización mutua que suelen producirse son aprovechados por los hijos para sus intereses. Los niños encuentran aquí un campo abonado para sacar partido en su propio beneficio, procediendo a relajar las normas, incumplir órdenes y tareas o a no asumir las responsabilidades que, en otra situación, les capacitarían para ir adquiriendo un mayor nivel de provecho.

A todo lo anterior se suma el hecho de que la transmisión de valores ya no viene dada por la familia ni por la escuela. Hoy, más que nunca, es la «tribu» la que educa, una tribu conformada por los amigos, la televisión, los videojuegos e Internet. Asimismo, los canales de comunicación y de transmisión de la información y del conocimiento han cambiado. Los mensajes de móvil o el *messenger* mantienen a los adolescentes continuamente conectados. Sin embargo, existe una gran contradicción en el hecho de que, aun habiendo hoy más información que nunca y siendo más asequible y fácil lograrla, esto no haya conseguido que ciertos problemas se resuelvan o, al menos, disminuyan. Tomemos el caso de los embarazos en adolescentes. Año tras año su número no hace más que aumentar, y ello ocurre así aunque la información y los métodos anticonceptivos sean asequibles, fáciles de lograr en la escuela, en el centro de salud o en el centro cívico del barrio; aunque los padres disfruten de una mentalidad más abierta, y aunque existan campañas informativas expresas dirigidas por profesionales que van a ver a los adolescentes a sus escuelas, a sus parques o a sus lugares de ocio y deporte.

En resumen, *la generación que en estos momentos se está divorciando es una generación que obedeció a sus padres y que ahora obedece a sus hijos.* Una generación formada e informada, pero cuyos miembros tienen poco tiempo para educar, para transmitir a sus descendientes valores y construirse a sí mismos como figuras de respeto ante sus ojos: quieren cuidar a sus hijos, formarles, darles lo mejor, pero se ven incapaces de abordar todo lo que se supone que tienen que hacer porque llegan exhaustos al final del día. Una generación cuyos miembros entienden que nadie les pidió razones para unirse y que nadie les puede obligar a dar razones para separarse; que conciben la relación de pareja como un lugar donde desarrollarse como sujetos, no como un contrato de por vida que les capacita para hacer ciertas cosas. Una generación que es vista por sus hijos con cierta distancia, preocupada como está en su propio día a día. Ésta es la generación obediente.

FORMAS DEL DIVORCIO

Hablar del divorcio es hablar de relaciones humanas, es hablar de expectativas fracasadas, de proyectos rotos, de frustración y rencor, pero también de posibilidad de futuro, de nueva oportunidad y renovada esperanza. La forma en que las parejas llegan a este fin compartido es muy diversa. No es lo mismo la pareja que se rompe empujada por la infidelidad de una de las partes, que aquella que un día descubre que las vidas de ambos han tomado caminos distintos hasta acabar por convertirlos en dos perfectos extraños.

Otra diferencia a la hora del divorcio es la existencia o no de hijos, y, en el primer supuesto, la edad que éstos tengan. De modo inconsciente, cuando hablamos de divorcio pensamos en ruptura con hijos, y la naturalidad con la que nuestra sociedad ha aceptado este supuesto hace que la atención que se presta a los divorcios de parejas sin hijos sea mínima, quedando relegados a las sesiones de terapia y los libros de autoayuda. Si tomamos la palabra crisis (del lat. *crisis*) encontramos que una de sus acepciones es «alteración profunda en el desarrollo de procesos físicos, espirituales o sociales». Sin embargo, también puede significar «estado de indecisión en la continuidad», o bien «alteración o cese de un proceso o asunto». La ruptura de una pareja sin hijos es vista como una alteración del proyecto vital (de un «proceso o asunto»); como un momento que hay que superar y tras el cual la vida seguirá su curso sin mayores complicaciones. Por su lado, la ruptura con hijos se define como una nueva fase en la vida, en la que los elementos presentes previamente no desaparecen sino que sólo cambian en la forma de relacionarse y en el lugar que ocupan. Es necesario redibujar el escenario previo: los personajes pueden cambiar de color, tamaño o forma, pero no desaparecer. El padre y la madre habrán roto su pareja, pero para los hijos seguirán siendo su familia. Independientemente de que vivan juntos o no, de que construyan una nueva relación de pareja e incluso de que tengan nuevos hijos, para los hijos del primer matrimonio seguirán siendo su familia de origen.

Por todo lo anterior, y con la intención de abarcar en la medida de lo posible los distintos escenarios que se pueden presentar en un divorcio, a lo largo del libro seguiremos la historia de un grupo de parejas que han tomado la decisión de divorciarse.

Marta y Antonio

Marta y Antonio tienen treinta y tres años. Llevan viviendo juntos algún tiempo. Ambos trabajan, tienen una situación económica desahogada y creen que ha llegado el momento de tener un hijo. La llegada de Alba les llena de inquietud. Desde un primer momento ambos asumen la crianza de la hija, pero la presencia de la madre de Marta en sus vidas va complicando la convivencia. Poco a poco la vida de la que habían disfrutado desaparece. Ya no tienen tanto tiempo libre. Él no renuncia a salir con su moto, aunque ahora lo haga más esporádicamente. Ella, por más que entiende que Antonio es una gran ayuda en la crianza, no logra dejar de reprocharle que se siente atada a la casa. Antonio siente que su suegra está ocupando cada vez más espacio en sus vidas.

Con Marta y Antonio hablaremos de los cambios vitales que la llegada de los hijos acarrea para las parejas. También del papel de la madre en los primeros meses y de todos los mitos sobre el vínculo especial que el bebé establece con la progenitora, mitos que hoy en día siguen justificando sentencias en los tribunales.

Álvaro y Ana

Álvaro y Ana nunca vieron la necesidad de casarse. Llevan viviendo juntos casi trece años y hace seis que decidieron traer al mundo a Salvador. Desde el principio el niño, hijo y nieto único, se ha criado consentido por todos. Tanto su padre como su madre le han implicado en sus problemas de pareja, obligándole a tomar partido por uno de ellos, cuando no usándolo como mensajero entre ellos. La tutora de Salvador no se cansa de repetir que el niño es muy maduro para su edad, lo que sus padres han entendido como que el niño es capaz de entender qué ocurre en su relación de pareja y no se recatan a la hora de darle información sobre los excesos con el alcohol de Álvaro o los devaneos de Ana con un compañero de trabajo.

Álvaro y Ana nos servirán para hablar de las estrategias erróneas que muchos padres utilizan con sus hijos tras el divorcio. Comprar el cariño con regalos o llevar a cabo chantaje emocional, implicando al niño en los problemas de la pareja, son situaciones mucho más frecuentes de lo que el lector pueda imaginar, y sus consecuencias a largo plazo pocas veces son tenidas en cuenta.

Luis y Silvia
Luis y Silvia están cerca de los cuarenta. Tienen dos hijos de 9 y 13 años y hace mucho tiempo que su pasión desapareció bajo un manto de comodidad y educación. Sus visiones de la vida han ido difiriendo poco a poco. Silvia contempla con desasosiego que sus hijos la necesitan cada vez menos. Sabe que eso es lo natural y que además le permite tener un tiempo libre del que apenas ha disfrutado desde que nació el mayor, pero no por ello se siente menos angustiada. Luis opina que los niños necesitan más disciplina, que están muy protegidos y que sus notas no refle-

jan sus verdaderas capacidades. Una y otra vez le recrimina a su mujer que tiene que ser más rígida, que tiene que imponerse para que los niños entiendan que su responsabilidad es lograr alcanzar las mejores calificaciones.

Luis y Silvia nos permitirán analizar la presencia de patrones de comportamiento y valores distintos en los progenitores divorciados. La toma de decisiones que afectan a los hijos tras el divorcio sigue siendo, según la Ley, una responsabilidad conjunta. Sin embargo, la realidad muestra que esto no es así, y que se convierte en la primera fuente de conflicto en los juzgados, aun cuando el divorcio haya ocurrido años atrás.

María y Roberto

María estaba divorciada y ya tenía un hijo, Nacho, cuando conoció a Roberto. Los dos abrieron un negocio juntos y Roberto se enamoró de María, asumiendo el reto de convertirse en el padrastro de Nacho, algo que jamás se había planteado antes de conocer a aquella mujer. A los pocos años nació Andrea y después Irene, llenando sus vidas de felicidad; sin embargo los problemas en el negocio fueron deteriorando su relación, y la convivencia se hizo insostenible. La adolescencia de Nacho empeoró las cosas, hasta conseguir que Roberto decidiera no tener ninguna relación con él. Cuando le corresponde pasar los fines de semana con sus hijas, ellas le reclaman que quieren que venga también Nacho. Roberto se debate entre sus sentimientos de rencor y los deseos de sus hijas de estar con su medio hermano.

Las familias reconstituidas, como la de María y Roberto, con hijos de diversos matrimonios, son una realidad cada vez más frecuente en nuestra sociedad. Los retos que plantean a los progenitores son difíciles de conjugar, obligando a adoptar nuevas e imaginativas estrategias.

Estas cuatro parejas serán nuestros acompañantes: nos ofrecerán ejemplos de lo que hicieron bien o mal y nos explicarán sus decisiones. Miraremos a través de sus ojos, intentando encontrar respuesta o explicación a lo que les ocurrió. A fin de cuentas, y como León Tolstoi dejó escrito en su obra *Ana Karenina*, todas las familias felices se parecen. Sólo las infelices lo son cada una a su modo.

I

El divorcio

1

EL DIVORCIO PSICOLÓGICO

El divorcio es uno de los acontecimientos vitales más estresantes en la vida del ser humano. Tanto es así que hoy en día se acepta que está directamente relacionado con la posibilidad de que los implicados desarrollen enfermedades físicas. Sin embargo, aunque no esté en nuestras manos eliminar los efectos negativos que provoca, sí podemos afirmar que existe lo que se ha venido en llamar el «buen divorcio». Nosotros trataremos ambos.

Por encima de teorías y afirmaciones académicas, el divorcio es una pérdida emocional, social y económica. Y al igual que ocurre con toda carencia, el sujeto lo vive como un proceso doloroso. Un proceso que le afecta de modo diferente en función de los recursos personales de los que disponga, la percepción que tenga de su responsabilidad sobre el suceso, la naturaleza de la relación de la que disfrutaba, el motivo de la ruptura, la presencia o ausencia de hijos, el estatus económico, la edad en la que se produce y el nivel de autonomía psicológica de los miembros de la pareja que se rompe.

He considerado dos procesos diferentes en el hecho del divorcio. Uno, puramente psicológico, atañe a la construcción personal que el sujeto hace de la ruptura.

El segundo es el relativo al divorcio legal, y en él se contemplan los problemas de corte jurídico, económico y social.

Consecuencias emocionales inmediatas

Con frecuencia vienen a mi consulta hombres y mujeres que declaran haber descubierto que sus parejas les han sido infieles. Tras dejarles contar su historia, y conseguir que disminuya el nivel de tensión con el que llegaron, les suelo hacer una pregunta que a todos les sorprende: «¿Ya has pensado cómo vas a vengarte?». Esto me permite hacerles sonreír, en un momento en el que se esperaría todo menos una carcajada. «¿Me vas a hacer creer que no lo has pensado? No te sientas culpable. ¡Todo el mundo lo hace!»

Tras el descubrimiento de una infidelidad de su pareja, todos los sujetos piensan cómo devolverle el dolor que han sufrido, sienten una irresistible necesidad de conocer cada detalle de la infidelidad, por más morboso o extraño que pueda parecer, y, por supuesto, se plantean vengarse de mil formas diferentes. Hacer ver a mis pacientes que esto es normal, que no son unos monstruos por pensar así, forma parte fundamental del proceso por el que lograrán superar su situación, volverán a tener fuerzas para mirarse a la cara y se aceptarán de nuevo con orgullo tras la humillación.

Con el divorcio ocurre algo semejante. Tras la decisión de divorciarse, lo primero que aparece son las manifestaciones de tristeza, abatimiento, angustia, deseos de agredir, sentimientos de culpa, llanto o necesidad de aislarse.

Acompañando a todo lo anterior, aparecen las alteraciones de la ingesta —inapetencia o voracidad a la hora de comer, náuseas o diarreas— y del sueño —insomnio o bien deseos continuos de dormir; sueños inquietos o muy livianos, que provocan continuos despertares a lo largo de la noche—; y también los cambios bruscos de humor, el consumo de tóxicos —tabaco y alcohol— y la disminución en el rendimiento laboral.

Sea como fuere, lo que hay detrás de toda la sintomatología anteriormente descrita es un ser humano. Los afectos humanos no se pueden manejar como objetos, no podemos colocarlos en donde nos plazca ni seleccionarlos en función de la utilización que vayamos a hacer de ellos. Muy por el contrario, la mayor parte de los sentimientos está fuera de nuestro control, por más recursos personales de los que disfrutemos. Digo esto porque es igualmente natural que muchos divorciados vivan el proceso con fortísimos sentimientos de soledad, desamparo y fracaso, provocando en sus actores la necesidad de sentirse protegidos, amados y seguros.

Ana vino a mi despacho tras su divorcio, preocupada por la situación en la que se encontraba su hijo Salvador. Tras la ruptura, éste mostraba un comportamiento agresivo en casa, que en ocasiones trasladaba al colegio. Ana comenzaba a estar asustada y no sabía qué hacer. Lo primero fue la aceptación de que debía usar el refuerzo positivo en aquellas conductas que quería fomentar, y el compromiso de no hacer caso y de no reforzar en modo alguno los comportamientos indeseables. Tras esto, Ana se tranquilizó y logró hablar de sus propios temores. Lo más interesante de la sesión fue percibir que la mudanza al nuevo piso había resultado para ella casi tan dolorosa como la propia ruptura. La pérdida de los lugares que habían constituido su espacio personal, su mesa de trabajo, la habitación donde su hijo pasó su primera noche, le habían provocado un dolor tan inmenso como inesperado.

El primer paso en el proceso del divorcio consiste en asimilar esta nueva realidad, sin pretender convertirla en un trámite más de la vida. Si lo hacemos así, nos daremos cuenta de que el alcance emocional que tiene es mucho mayor de lo que inicialmente pensábamos. Afecta a nuestro hogar, a nuestros amigos y familia, incluso a los lugares que frecuentábamos. Y, en consecuencia, necesitamos tiempo. Tiempo para asumir los cambios, para tomar nuevas decisiones y sentir los nuevos espacios como propios. Esta primera fase es un periodo puramente psicológico que no requiere de documentos ni procedimientos judiciales. El sujeto lo asimila hasta elaborarlo como propio.

LA NECESIDAD DE LA SOLEDAD

Lograr alcanzar el desligamiento, la construcción de una imagen de autonomía «sin el otro», es una elaboración psicológica que hace necesario atravesar por los diversos sentimientos que asaltan a los actores de un divorcio. La soledad ayuda a pensar, a recolocar cada recuerdo en su sitio.

Es muy habitual en esta fase que los sentimientos de duda asalten a los individuos. Los arrepentimientos conducen con frecuencia a tener relaciones sexuales de nuevo con el otro miembro de la pareja, lo que provoca una tregua que en la mayor parte de las ocasiones no es sino un espejismo, y que llega incluso a convertirse en una fuente de malestar para ambos miembros de la pareja, al comprender el error que han cometido dejándose llevar por el momento. Con frecuencia, estos episodios permiten comprobar que lo que fue ya no existe, lo que constituye un motivo definitivo para dar el siguiente paso.

Los deseos de estar unidos a alguien, de pertenecer a un grupo, entorno o colectivo son connaturales al ser humano. Para algunos, la propia relación de pareja llega a construir su identidad como sujeto. Incluso culturalmente, y con mayor frecuencia en el caso de la mujer, su posición en la sociedad puede estar totalmente definida por su matrimonio y las relaciones que desde él se estructuran. Esto puede empujarlas a aguantar por «los hijos», por «el que dirán» o cualquier otra excusa alejada de sus propios sentimientos.

Éste es el motivo de que muchos quieran volver a vincularse cuanto antes, y de que, sin haber transcurrido apenas tiempo, sin darse la oportunidad para reelaborar su autoimagen como sujeto sin pareja, se afanen por buscar una nueva compañía. Los problemas que esta estrategia acarrea son varios. Por un lado, estos individuos no han cerrado todavía sus propias heridas emocionales cuando ya están intentando construir una nueva relación. Estar herido implica no disfrutar de todas tus energías, pero también implica no encontrarte en plenitud de fuerzas para enjuiciar si lo que te ofrecen es lo que realmente tú deseas. Por otro, las decisiones que el individuo

43

lleva a cabo en ese momento están totalmente vinculadas a la travesía personal que está realizando. Huir se puede hacer hacia atrás, pero también hacia delante. Vincularse de nuevo a alguien con objeto de curar, suplir u olvidar un fracaso, lastra desde el principio la nueva relación, que nacerá condicionada y con más probabilidades de volver a convertirse en un fracaso.

Finalmente, desperdiciar el aprendizaje que esta etapa de la vida nos puede ofrecer es no sólo un despilfarro, es una temeridad. El tránsito por la soledad nos da la oportunidad de escucharnos a nosotros mismos, algo no tan común en un mundo arrasado por la prisa; nos da la posibilidad de conocer a gente o recuperar aquella que perdimos, de hacer cosas nuevas, de planear viajes imposibles o alternativas que antes ni se nos pasaban por la imaginación.

LAS DOS FASES DEL DIVORCIO PSICOLÓGICO

La duración de este proceso depende de cada pareja y, dentro de ella, de la decisión de cada miembro. Los individuos que se divorcian pueden dividirse en dos grupos básicos: unos deciden elaborar su ruptura, superar la situación y seguir adelante; otros se debaten inútilmente en buscar razones, atribuir culpas y sentirse desgraciados.

Superar un divorcio requiere que de la conmoción se transcurra al desorden, y desde el desorden se alcance la reorganización. Aquellos que deciden elaborar su ruptura tienen que enfrentarse a una primera fase en la que surgen con enorme fuerza todas las emociones que venimos comentando, una fase que suele comenzar meses antes de la decisión definitiva y que se puede prolongar hasta dos años después. El sujeto encuentra nuevos lugares y nuevos papeles, descubriendo posibilidades que hace años dejó de disfrutar. Ahora tiene más tiempo libre y los sábados ya no están siempre ocupados. Puede optar por practicar deporte de nuevo, o bien por quedar con las amistades y hacer pequeños viajes a lugares cercanos. Habitualmente prueba y abandona, vuelve a probar y a abandonar hasta que finalmente se queda con unas pocas alternativas.

En una segunda fase, el sujeto está más calmado. Reevalúa su vida y analiza qué quiere hacer con ella, hacia dónde quiere dirigir sus pasos. Inicia nuevas relaciones de pareja, y en ocasiones llega a contraer nupcias de nuevo. Esto puede acarrear cambios muy importantes en su vida. Si tiene un nuevo hijo tiene que aprender a compaginarlo con el —o con los— de su anterior matrimonio. Tal vez tenga que mudarse o pedir judicialmente que se cambien las medidas del acuerdo de divorcio. Pasar a la segunda fase es romper muchos mitos —de algunos hablaremos más adelante—, pero también es alcanzar una nueva etapa de la vida en la que se supera la anterior, se redibuja la persona y el yo más íntimo, y se da un paso adelante sin miedo a vivir.

Atrapados en el dolor

Desafortunadamente, muchos otros se debaten inútilmente en otra búsqueda más patológica e improductiva.

Sus esfuerzos se centran en buscar razones a lo que ocurrió, gastando todas sus energías en atribuir culpas y sentirse desgraciados. Se dedican al rumiar continuo de un conjunto de ideas, que, de tanto darles vueltas, comienzan a distorsionar, enfocándolas únicamente desde el punto de vista que conviene a sus intereses.

Este proceso es muy semejante a lo que ocurre cuando, tras la muerte de un ser querido, uno queda atrapado en el dolor de la pérdida. Estas personas suelen sentirse heridas bien por el hecho de haber sido abandonadas, ya que fue el otro miembro de la pareja quien decidió romper, bien porque consideran que ellas han sido las más perjudicadas en la ruptura. En su proceso de distorsión de la realidad impiden que una nueva etapa de la vida se abra paso, y quedan ancladas en sus temores y reproches impidiendo que se produzca el divorcio psicológico.

Es algo estudiado el que en las familias monoparentales que no han elaborado su divorcio psicológico la percepción de las carencias económicas o emocionales consecuentes al divorcio se acentúa, llevando a esos sujetos a sobrevalorar la situación de desventaja en la que han quedado. Es decir, perciben su situación peor de lo que realmente es, centrando su atención en sus carencias hasta llegar a considerarlas más relevantes de lo que realmente son.

Marta volvía continuamente sobre la cuestión económica y, aunque era una profesional muy reconocida, insistía en que Antonio tenía que darle más dinero para la niña. La sentencia de divorcio dictaba que la casa común, la mitad de los bienes y la pensión de la niña quedarían en sus manos. Todos los gastos que Antonio tenía que afrontar constituían el sesenta por ciento de su sueldo. Sin embargo, Marta no estaba conforme y pidió una modificación de sentencia. Ante la petición de Marta, el juez tuvo en cuenta que Antonio había tenido otro hijo de su nueva relación de pareja y no podía seguir pagando la misma cantidad, por lo que decidió rebajar sustancialmente la cuantía de la pensión que tenía que pasar por la niña.

La supuesta ofensa sufrida, el tiempo perdido, la frustración, el sentimiento de fracaso, la pérdida del nivel de vida, la contemplación de la nueva vida de la ex pareja, etcétera, son algunas de las razones que se utilizan como justificación para rumiar el dolor y no superar esta etapa.

2

MITOS SOBRE EL DIVORCIO

Resulta increíble la cantidad de mitos que giran en torno al divorcio, tanto por su repetición como por carecer de base científica alguna. En la cultura latina es tradicional que los matrimonios que se unen por la Iglesia reciban una formación mínima, en la que se les proporciona cierta información de cómo va a ser su vida en común. Por supuesto, los escenarios y puntos de vista que se ofrecen desde estos cursos tienen un enfoque religioso. Sin embargo, casi nadie se plantea llevar a cabo un mínimo de orientación para el momento del divorcio. De manera directa nuestros amigos nos recomiendan su abogado y nos aconsejan acabar la situación cuanto antes, mientras que la familia, por su parte, nos recuerda insistentemente cuántas veces nos advirtió de que tarde o temprano aquello iba a acabar así.

Los mitos se centran en torno a los propios sujetos que se divorcian, a sus hijos y al destino de sus vidas. Las preguntas se amontonan en las cabezas de los divorciados, haciendo que se replanteen todo su comportamiento.

El origen de muchos de estos mitos parte de la consideración de que la forma familiar perdida es «la mejor forma de familia». No estoy hablando únicamente de la

49

familia que han conocido estos sujetos hasta ese momento. La mejor familia puede ser la familia monoparental, sin el otro progenitor, sencillamente porque ahora es la que interesa. El gran problema que traen los mitos es que, de no ser conveniente y prontamente desmontados, acaban por convertirse en creencias fijas e inamovibles. Utilizándolos como excusa, los sujetos llevan a cabo conductas totalmente inconvenientes. Y, al verse comprometidos por ellas, no dan marcha atrás. Todo lo contrario, tienden a acrecentar el problema insistiendo en la misma dirección, con lo que, como es lógico, no hacen más que agrandarlo. Cuando esto ha llegado a tomar cierto tamaño se hace imposible reconocer el error de principio. El coste psicológico para el sujeto es muy alto, y éste opta por seguir en la misma dirección, a no ser que alguien con autoridad se lo impida.

Lo importante de los mitos es, por tanto, conocerlos, plantearnos cuanto antes qué opinamos sobre ellos y cuál es nuestra postura y, una vez la conozcamos, buscar información o ayuda profesional para confirmar o desmentir nuestras preocupaciones. A continuación describiremos los cinco mitos más habituales.

¿Debería seguir intentándolo?

Tal vez la primera duda que surja es si se ha peleado bastante por la relación. Los miembros de la pareja suelen dudar si darse otra oportunidad, aun cuando uno de ellos ya se haya marchado de casa. Para dar respuesta a esto les ofrezco a las parejas un sencillo ejercicio. Mientras uno de ellos está en la sala de espera pido al otro que me diga si se ha imaginado solo, si ha fantaseado con la posibilidad de vivir, levantarse, llevar la casa, los hijos o ha hecho cuentas de los gastos del mes contando únicamente con su sueldo. Si la respuesta es afirmativa, si uno de ellos se ha planteado, aunque sólo sea en su imaginación, vivir de forma independiente a su pareja, lo más probable es que ese sujeto haya elaborado ya su divorcio psicológico y lo único que necesite sea una última ayuda para pasar a la siguiente fase de la ruptura.

Marta vino a la consulta buscando ayuda para solucionar su crisis de pareja. Antonio no estaba muy convencido, y afirmaba una y otra vez que ellos eran los únicos que podían solucionar sus problemas ya que eran los que mejor se conocían. Tras quedarnos a solas, le pregunté a Marta desde cuándo había una tercera persona en su vida. Su rostro se encendió como una bombilla de Navidad y rompió a llorar. Su sentimiento de culpa la estaba ahogando tanto, que había llegado a pensar que un psicólogo la podría convencer de que dejara aquella relación con su compañero de trabajo y, de esta manera, salvar su pareja. Sin embargo, llevaba casi un año fantaseando con vivir con su amante, se había sorprendido a sí misma buscando piso en los anuncios por palabras y valorando si sería un buen padre para su hija Alba. Su divorcio psicológico estaba totalmente construido.

Para los hijos resulta preferible la situación de dos padres divorciados pero felices, que la de dos padres que viven en la misma casa pero que no se hablan. Los hijos perciben con toda facilidad si sus padres se quieren y se respetan, no les hace falta verlo, de la misma manera que a los adultos no les hace falta ver qué ha ocurrido cuando, al entrar en una habitación, descubren un silencio desacostumbrado, incómodo, causado porque minutos antes allí se ha producido una situación desagradable entre el jefe y uno de los empleados.

¿Afectará a mis hijos tener dos casas?

Todo psicólogo novato que se enfrenta a la situación de que sus pequeños pacientes tengan que comenzar a vivir en dos domicilios se hace las mismas preguntas: «¿tener que residir en dos casas desestabilizará a los hijos?»; «¿la existencia de dos autoridades les creará confusión?». Lo mismo les ocurre a los padres. Sus grandes preocupaciones y miedos suelen ir en esa dirección, provocando el que en muchas ocasiones se opongan, justificándose en esos temores, a que los hijos tengan un régimen de estancias mayores con el otro progenitor.

Lo primero que llama la atención en la formulación de estas preguntas es la nula base científica de éstas. La investigación psicológica y la experiencia con hijos divorciados nos han confirmado, en efecto, que tales preocupaciones resultan infundadas. Se trata de creencias basadas únicamente en la consideración de que la familia nuclear es el principal y mejor escenario en la crianza de los hijos. Pero la realidad es totalmente distinta, y nos demuestra que los niños no desarrollan ningún problema en estas situaciones. Todo lo contrario, pues de hecho es lo que han venido haciendo a lo largo de su vida.

Tomemos el ejemplo de cualquier niño que se levanta cada mañana. Sus padres le confían a sus profesores, y en la escuela pasará unas cuantas horas con una organización y normas totalmente distintas a las de su hogar. Al final de la mañana se dirigirá al comedor, para después ir a la academia, la escuela de música o el gimnasio, lugares donde otros adultos, con modelos de autoridad y relación interpersonal distintos al de sus padres y maestros, se responsabilizan de él durante esas horas. Vendrá el abuelo o la cuidadora que sus padres han contratado para llevarle a casa y darle la merienda, y cuyas normas vuelven a ser diferentes a las de todos los anteriores. Hasta que, finalmente, mamá y papá vuelven a casa.

Antonio no paraba de quejarse de que su hija estaba siendo educada por su suegra. Sentía que su ex pareja permitía que le usurparan su papel de padre. Como hacen muchos progenitores, no mostraba respeto por las normas del hogar del otro, criticando continuamente sus decisiones. Ante esta situación le ofrecí responder por escrito a un conjunto de preguntas: ¿Es un temor tuyo o tienes pruebas que te han llevado a creer lo que dices? ¿Ha sido ella alguna vez negligente en el cuidado de vuestra hija? ¿Cómo se comportaba cuando estabais casados? ¿Es su casa también la casa de tu hija? ¿Tiene derecho a decidir qué hacer en el tiempo que comparte con ella? Si el profesor tiene derecho a regañar a tu hija en clase, ¿no lo tiene también tu ex pareja en su casa?

La mayor parte de estos miedos se apoyan en el nulo respeto que los progenitores sienten a veces por el papel que desempeña el otro tras el divorcio. Si los niños creen que tienen dos casas, y en cada una de ellas le esperan uno de sus padres, sus juguetes y su habitación, esos niños construirán psicológicamente esas dos casas como su casa. La identidad de los sujetos, las cosas por las que se definen o con las que se identifican, son una construcción autoelaborada, no vienen marcadas genéticamente. Dice un refrán antiguo que la vaca no es de donde nace, sino de donde pace. Si esto es así para una vaca, cuánto más no lo será para un sujeto que decide racionalmente.

Usted, desde su primera edad, se identifica con determinados lugares, es de un barrio, que se inscribe en una ciudad o pueblo, tiene un grupo de amigos, es seguidor de un equipo de fútbol o de determinada serie de televisión... Si yo sólo le permitiera ser de una calle, peor aún, de un número de una calle, ¿cree usted que se sentiría igualmente definido e identificado? ¿No le angustiaría pensar que le estoy limitando, simplificando hasta el extremo más disparatado?

¿Tengo que seguir relacionándome con mi ex pareja?

Muchos padres fantasean con la posibilidad de eliminar al otro de su vida. Pretenden que el divorcio haga desaparecer a su ex y buscan activamente entorpecer la relación de éste con sus hijos. El divorcio va a ser el fin de una relación desgraciada o dolorosa. El divorcio va a ser la solución para apartar de sus vidas lo que han decidido que sobra. En ocasiones, lo que temen es quedar relegados, convertirse en un padre periférico al que sus hijos no van a contar nada y al que sólo van a recurrir cuando necesiten algo. Su angustia hace que toda su energía se vuelque en lograr estar el mayor tiempo con sus hijos, sin tener en cuenta la calidad de la relación que establezcan con ellos. La gran pregunta que deberían hacerse estos padres es quién es el auténtico dueño de esa relación, quién tiene realmente todo el derecho a decidir sobre ella.

Muchos también se equivocan al considerar que ellos son los únicos que pueden disponer cómo, cuándo y cuánto se pueden comunicar sus hijos con el otro progenitor. Esto puede ser cierto para el resto de la sociedad: los amigos, los compañeros de clase, la televisión, etcétera, pero no puede incluir a su padre o a su madre, según el caso. En lo que hace a esta relación, es el hijo, y sin presiones de fuera, el que tiene un derecho que se construye en tanto que para el niño es una necesidad. Una necesidad que le va a permitir desarrollarse sano, seguro, que le va a dotar de herramientas para construirse como sujeto adulto. De ahí su importancia capital. La psicología ha repetido hasta la saciedad que las vinculaciones de los hijos con sus padres son básicas para la elaboración de un sujeto equilibrado. Cualquier atentado contra ellas es un menoscabo para el niño, cuyo reflejo se podrá observar en su desarrollo adulto.

¿ES INEVITABLE QUE LOS IMPLICADOS EN EL DIVORCIO SUFRAN?

El cuarto mito que vamos a tratar es el que más sufrimiento puede acarrear tanto a los padres como a los hijos. En nuestra sociedad contemporánea, el divorcio es contemplado como un agrio episodio vital, en el cual es inevitable que todos los implicados sufran. Los que rodean a los afectados comprenden sus arranques de ira, los comentarios ofensivos o denigrantes hacia el otro, incluso cuando los hijos están lo suficientemente cerca como para escucharlos. De algún modo, todo se justifica.

El divorcio es una pérdida que atañe a muchas áreas vitales en el sujeto, pero no tiene por qué ser una fuente de dolor duradera, especialmente para los niños. Los sentimientos de fracaso, la rabia que produce la traición de la confianza dada o la frustración ante el error son emociones lógicas y deben tener su lógica expresión. Sin embargo, todo tiene que tener un límite. Habitualmente, los miembros de la pareja divorciada suelen achacar la culpa al otro, ubicándola de forma simplificadora. «Ya no nos comunicábamos», «Hace tiempo que dejamos de comportarnos como verdaderos amantes» o «Estaba más preocupada por sus hijos y su trabajo que por mí». Cualquier explicación de este tipo demuestra que detrás no existe más que un análisis simplista de uno de los escenarios más complejos de las relaciones humanas. Y explicar por una sola causa una relación en la que está afectada de forma tan complicada una extensa red de conexiones, intereses, escenarios, deseos y esperanzas únicamente sirve para aportar un poco de paz a un ser herido.

«¿Quién dejó a quién?», o «¿Quién tuvo la culpa?» son preguntas que se hacen durante las primeras semanas tras adoptar la decisión de separarse. Si persisten más allá de ese periodo, no serán más que el caldo de cultivo de unos reproches que irán aumentando en su intensidad y frecuencia: «¡Tú tienes la culpa de que ahora los niños tengan que cambiar de colegio!» o «¡No nos llega el dinero por tus devaneos con esa mujer!».

De forma inevitable, estos comportamientos se trasladan a la actitud que los padres muestran ante los niños cuando se van con el otro progenitor. Si el padre les lleva a un parque de atracciones, la madre se lamenta de que a ella no le llega el dinero para pagar la comida de la casa. Y si la madre sale con su nueva pareja, el padre le recrimina que se gasta con sus novios el dinero que él le pasa.

¡ÉSA FUE LA CAUSA DE NUESTRO DIVORCIO!

El último mito al que pasaremos revista, y que está estrechamente relacionado con el anterior, es considerar que la ruptura de una pareja tiene una única causa. El ejemplo más sencillo sería el de la ruptura provocada por una infidelidad. La parte que ha sufrido el engaño centra toda la culpa en el dolor que le ha producido su pareja con su comportamiento. Incluso será capaz de achacar parte de la culpa al amante. Una vez más estamos ante un análisis demasiado simple. Si tomamos a cada uno de los miembros de la pareja por separado y les hacemos escribir en un papel los motivos por los cuales creen que aquello ha ocurrido, pueden estar seguros de que cada uno de ellos escribirá una versión de la historia totalmente distinta, con distintas justificaciones e interpretaciones de los hechos.

Después de que Marta le confesara a Antonio que tenía una relación con un compañero de trabajo y que no quería seguir viviendo con él, Antonio centró toda su rabia en aquel acontecimiento. Durante varias sesiones, Marta le estuvo recordando las múltiples ocasiones en las que, en los dos últimos años, le había pedido que se quedara en casa, que trabajara un poco menos y fueran juntos al cine. Pero tampoco Marta quería aceptar que si Antonio había cogido más trabajo era porque se habían embarcado en un préstamo muy alto para arreglar la casa del campo y comprar dos coches nuevos. Ambos tenían sus razones, sus verdades, y con ellas justificaban sus actos y su rabia sin escuchar ninguna otra alternativa.

Es necesario un esfuerzo muy grande para aceptar las razones de los demás. Una vez que se ha tomado la decisión de divorciarse, ponerse en el lugar del otro y pretender entenderlo es una tarea casi imposible. Por eso es importante llevar a cabo esta labor antes de que todo haya terminado.

3

¿Cómo superar el divorcio?

Las neurosis de los seres humanos no hacen su aparición de un día para otro. Los sujetos trabajan intensamente, durante años, hasta alcanzarlas. Si una persona infeliz, preocupada, temerosa o frustrada quiere superar esa situación, el primer paso que tiene que dar es aceptar que necesita ayuda, asumiendo que su situación no le conduce a nada bueno y que está afectando a los que le rodean.

La gran ventaja de la neurosis es que, con la adecuada orientación profesional, cualquier sujeto que padezca una puede recuperarse en un tiempo mucho más breve que el que transcurrió hasta llegar a su situación patológica. Sin embargo, la mayoría de los individuos que se enquistan en un divorcio conflictivo, si bien acepta que necesita ayuda y admite que no sabe salir de la situación, no es capaz luego de involucrarse emocionalmente en ese empeño. Su declaración es puramente formal, sin implicación psicológica. Con el tiempo tiende a convertirse en verdadero maestro de la tergiversación, buscando coartadas increíbles para su injustificable conducta. Entonces es cuando se percibe claramente que la inteligencia y la razón tienen poco que ver con la emoción y los sentimientos.

Nadie puede forzar a estos sujetos a cambiar, pero sí podemos hacer que escuchen otras voces que les hagan plantearse distintas maneras de ver e interpretar los acontecimientos. El primer paso es que entiendan que no están solos, que lo que les pasa no les ocurre sólo a ellos. La terapia de grupo o la ayuda de amigos y familiares que les ofrezcan una nueva perspectiva del problema pueden ayudarles. Sin embargo, la frase más común será: «Llevas razón en lo que me dices pero...», y a continuación trasladará la responsabilidad de su situación hacia otro, sea su ex pareja, sus padres, el abogado o el propio sistema judicial.

En mi experiencia profesional he encontrado pocos progenitores que entendieran que con los comportamientos que adoptaban estaban lesionando emocionalmente de forma grave a su entorno, incluyendo a sus propios hijos. Es mucho más cómodo —y psicológicamente más económico para el sujeto— negar toda responsabilidad en lo que le ocurre, o distorsionar los hechos a conveniencia. Los que han conseguido superar esta fase, lo han hecho a través de la empatía; es decir, porque en algún momento han logrado percibir las consecuencias de su comportamiento en las personas que les rodeaban. Han sentido la tristeza en sus padres, el temor en sus hijos, la desesperación en sus nuevas parejas.

Esperar a que esto ocurra de modo natural es inútil. Entendiendo que cada uno de nosotros es plenamente responsable de su derecho a equivocarse, lo que sí podemos hacer es ofrecerle a quien se encuentre en esa situación ejemplos o testimonios de otros, para que comprenda que él tiene un papel básico a la hora de alcanzar su propia felicidad.

Tendemos a dar por sentadas multitud de cuestiones, creencias, principios y valores que jamás hemos sometido a comprobación y cuya realidad desconocemos. Un día escuchamos decir a alguien que «las cosas son así» y convertimos esa afirmación en ley. A lo largo de la historia podemos encontrar muchos ejemplos de hombres y mujeres excepcionales en los que, si los observamos con detenimiento, veremos que llevaron a cabo infinidad de actos que pueden calificarse, sin temor a ser tachados de tendenciosos o mal intencionados, de increíbles.

Tomemos el ejemplo de una de las figuras más relevantes de la historia: Napoleón Bonaparte, personaje sobre el que versa una de las bibliografías más extensas del mundo. Su caso puede ayudarnos a ilustrar este apartado. Fue Napoleón un hombre formado con la lectura de las obras de Rousseau, Mably, Voltaire, Mirabeau y Necker. Según su biógrafo Calvet, sus frecuentes notas al margen, en las que comentaba algunos de los pasajes de lo que estaba leyendo, revelan una atención especial hacia los sentimientos que inclinan a los hombres a la búsqueda de la felicidad, del amor o de la crueldad; sin embargo, pocos hombres en la historia han llegado a equivocarse como él.

Luis se enfrentaba continuamente con la madre de sus hijos por lo que él consideraba falta de disciplina de ésta. No había manera de convencerle de que su postura era tan extrema como la que él denunciaba en Silvia. Tras varios intentos para que se pusiera en el lugar de su mujer, finalmente me decidí a contarle la historia de Napoleón. En 1799, el general corso atravesó el desierto del Sinaí, en ruta hacia el norte de Palestina. Las plazas de Rafá y Ramleh se rindieron a sus tropas, pues los soldados que las custodiaban consideraron inútil combatir contra una fuerza de paso por sus tierras. Napoleón continuó hacia el puerto de Jaffa, donde los 6.000 hombres de la guarnición de la ciudad también prefirieron rendirse, creyendo que serían desarmados y enviados a casa. Nuestro venerado militar no quería dejar a tantos soldados enemigos detrás de su ejército, por lo que ordenó que los mataran a todos. Asesinar a tantísimos seres humanos, desarmados y rendidos ante su enemigo, no resultó una tarea fácil para los franceses. Ahorrando al lector el relato de la truculenta matanza, que llevó tres días, recordaremos sólo un dato. Debido a la gran cantidad de munición que había que utilizar para semejante cantidad de asesinatos, finalmente la masacre acabó a bayonetazos.

Después de aquel episodio, toda Palestina se levantó contra Napoleón. Su ejército fue emboscado en cada recodo del camino, pues ahora sus enemigos sabían que no había otro camino que perder la vida luchando. El ilustre personaje había proporcionado a su enemigo la motivación más grande que un ser humano puede tener para combatir: la propia supervivencia. En unos meses, el ejército napoleónico tuvo que retroceder tan apresuradamente que se vio forzado a abandonar a sus soldados heridos para que fueran asesinados por el enemigo.

El episodio que acabo de relatar suelo usarlo como arma para «desarmar verdades incontestables» en el caso de esos divorciados que defienden sus posturas tan apasionadamente. En todo divorcio existen al menos dos versiones, y ambas suelen ser contradictorias. Puede que una esté más cargada de razón que la otra, pero de lo que no nos puede caber la menor duda es de que ninguna de ellas es del todo real.

Una nueva forma de hablar

Tras décadas de implantación del divorcio, finalmente hemos logrado superar muchos prejuicios sobre él. Y del temor inicial que algunas voces agoreras extendieron sobre el estigma que de por vida arrastrarían los hijos de las familias afectadas, hemos pasado a la normalidad más absoluta, a su contemplación como un avatar más de la vida de las familias contemporáneas, sin mayores recriminaciones morales. Sin embargo, son muchas las palabras que utilizamos para referirnos a este acontecimiento en las que no se ha producido una evolución similar.

Como veremos más detenidamente en el apartado dedicado a los medios de comunicación, el lenguaje es un poderoso instrumento para generar emociones. Utilizar una palabra u otra, una frase u otra, consigue que los individuos desplieguen actitudes muy diferentes. Las palabras visten el mensaje, haciendo que éste traslade al receptor una determinada emoción. Cuando un padre dice que tiene dos días «de visita» con su hijo, está queriendo transmitir —y, por tanto, sintiendo— una emoción muy diferente a la que expresa al decir «mis hijos viven conmigo dos días a la semana».

Cuando María volvió del juicio de divorcio, su hijo Nacho le preguntó quién había ganado. María, sin reparar que sus hijas pequeñas la estaban escuchando, mostró una amplia sonrisa y levantó los brazos: «Tu padre ha perdido. El juez me ha dado la razón en todo. Aunque le he concedido los viernes». Las dos hijas pequeñas de la pareja miraron a su madre, pero no dijeron nada. Con mucho cariño, Andrea cogió de la mano a su hermana pequeña y ambas se metieron en su habitación. Durante toda la tarde no dejó de pensar en su padre, que se había quedado solo y al que el juez no le había dado la razón cuando había pedido verlas una tarde más.

Tras el divorcio se establece un «régimen de visitas» para el progenitor no custodio que, en su propia definición, convierte a ese padre en un satélite de la que parece ser la familia *real*, es decir, la formada por el progenitor que obtiene la custodia y los hijos que conviven con él. Esto provoca una inmediata desautorización de aquél, en tanto que como padre o madre periférico puede ser considerado secundario, si no sustituible. Nadie educa en una visita, ni suele corregir el comportamiento incorrecto de un niño o entrar de lleno en algún acontecimiento relevante en su vida ya que se siente constreñido por un tiempo limitado y efímero. Si los padres se acostumbran a utilizar este lenguaje —prestado del Derecho— se acostumbrarán a sentirse padres de segunda, padres de ocio sin responsabilidad en los acontecimientos importantes de la vida de sus hijos.

Dentro de esta terminología no deseable se encuentran frases muy populares como «rehacer la vida» —para referirse a alguien que tiene una nueva pareja—, «este fin de semana les toca ver a su padre» —al comentar que van a vivir con él—, u otras desafortunadas expresiones que los propios profesionales utilizamos: por ejemplo, «familia intacta», al referirnos a una unidad familiar que no se ha divorciado, lo que implica que existen «familias rotas».

Es preciso, pues, cambiar estas expresiones en los sujetos afectados, utilizando expresiones no cargadas de afectos tan negativos, otra gran estrategia para superar el divorcio.

FACTORES PSICOLÓGICOS QUE FAVORECEN UN BUEN DIVORCIO

Nos hemos referido a la necesidad de tiempo para sobreponernos al divorcio, tiempo en soledad que aprovecharemos para el análisis. Hemos recogido un conjunto de mitos que debemos analizar y superar, cambiando posturas rígidas y lenguajes peyorativos. Todo ello nos llevará a recuperarnos de la conmoción inicial, observar el desorden que rodea nuestras vidas, y llegar así a la reorganización del nuevo escenario.

La experiencia con parejas de divorciados ha demostrado que las variables psicológicas más relevantes que apoyan el desarrollo de un buen divorcio se encuentran en ciertos rasgos de personalidad de los individuos, algunos aspectos de su procesamiento de la información, la relevancia de la relación a la hora de definir sus vidas y los recursos propios o sociales que les rodean.

Los sujetos que mejor superan sus divorcios son aquellos cuyos rasgos de personalidad, es decir, su forma de comportarse ante las situaciones a las que se enfrentan, tienden a aceptar lo que les ocurre, individuos que sufren o se alegran por las situaciones por las que atraviesan y que, finalmente, toman decisiones y aprenden de todo ello para seguir adelante.

Las personas que tienen la tendencia a analizar la realidad que les rodea como una agresión o como una amenaza, a regodearse en su dolor y sufrimiento, a ver las pérdidas y no las oportunidades que se les ofrecen, eligen estrategias de afrontamiento erróneas, cuando no sencillamente se colapsan. Aquellos que, tras un periodo más o menos largo para elaborar su dolor, adoptan posturas de acción, superan antes y de forma más ajustada el divorcio.

Roberto, después de no dar señales de vida en un año, llamó a la puerta de mi despacho. Cuando lo vi apenas logré reconocerlo. Su piel ya no estaba gris, y su cabello, cubierto de tempranas canas, estaba cuidado y brillante. Tras los saludos de rigor me confesó que no venía a consulta y sólo quería invitarme a café. «Ya no necesito tu ayuda, decidí acabar con mi dolor». La frase no dejó de sorprenderme tanto como alegrarme. Seguía teniendo problemas con María y Nacho, pero había entendido que tenía que seguir adelante. Puede que no estuviera de acuerdo con lo que hacía su ex, pero él no tenía nada que hacer si ella quería seguir por ese camino. Había decidido volver a buscar afecto en otra pareja y, con ello, había vuelto a sentirse lleno, a pensar en otras cosas, a recuperar la ilusión. «¿Cómo lo conseguiste?», le pregunté con gran interés. «Fue sencillo, dije ¡Basta!».

La ruptura de una convivencia que había tejido un proyecto común, una intimidad sexual, unos hijos, pero también redes sociales y, en ocasiones, compromisos laborales y económicos, puede herir profundamente el autoconcepto de algunos individuos. Si para un sujeto su relación de pareja definía gran parte de su persona, de la imagen individual y de cara a los demás que había construido, el divorcio tendrá para él mayores consecuencias que para otro que haya establecido su identidad sobre distintos apoyos, en el que éste era uno más. Del mismo modo, si la relación ha ocupado una porción importante de su vida, las consecuencias serán más profundas que si se trata de una relación más corta o limitada emocionalmente.

Los miembros de parejas que demuestran confianza en la figura del otro, aun cuando su relación esté ya rota, o aquellas personas que poseen una autoestima elevada, son capaces de afrontar la ruptura en mejores condiciones. La ventaja se encuentra en que su yo no se ve tan afectado como lo está en aquellas otras parejas que destruyen mutuamente su imagen, quedando como un refugio ante el penoso trance. El soporte social, ofrecido por los amigos, la familia e incluso un trabajo enriquecedor son otro pilar en el que descansar. Es interesante ver cómo algunos sujetos usan el apoyo emocional de la gente que los rodea de forma positiva, mientras que otros buscan un falso consuelo en el que recrearse. En el siguiente apartado analizaremos con mayor detenimiento la postura de víctima.

Existe otro grupo de sujetos: el de los que, entendiendo sin problema alguno que su planteamiento es equivocado y que está causando dolor o posponiendo una solución, han aprendido que adoptar una postura de supuesta debilidad, de víctima, les otorga un poder que de otro modo jamás alcanzarían.

Los réditos del uso de la lástima, de la invalidez emocional, consiguen que muchas personas se enquisten en esta postura. En estos individuos, la proyección de la culpa está más agudizada que nunca, pero aún están mucho más preocupados de recibir el apoyo moral de los que están a su alrededor, que, al menos temporalmente, les reforzarán con su atención.

En psicología se ha estudiado que existe un prejuicio o sesgo provocado por la debilidad, del mismo modo que existe el que provoca la percepción de fortaleza. Es decir, existe una tendencia en los individuos a juzgar como más reales, válidos y creíbles los argumentos y conductas de aquellos que percibimos como más débiles, de la misma manera que otros sujetos tienden a dar mayor credibilidad a aquellos que se muestran más fuertes tanto en el plano físico como en el intelectual. Lo interesante de todo esto es que ese otorgamiento de credibilidad se da sin atender a los argumentos que unos u otros esgrimen.

Los sujetos que utilizan esta estrategia tienen el problema de que los que les rodean tienden a cansarse de sus lamentos. Sin embargo, lo que podría ser un argumento para que cambiaran de actitud provoca que, sencillamente, cambien de oyente. Es interesante ver cómo muchos divorciados van de abogado en abogado, de psicólogo en psicólogo, buscando que les escuchen, pero sin aceptar ninguna responsabilidad a la hora de resolver los problemas que denuncian. La manera de afrontar su divorcio traerá serias consecuencias a todos los que les rodean, pero hasta que ellos mismos lo vean, o, hasta que aquellos que les hacen el coro dejen de reforzar su comportamiento, va a resultar casi imposible que cambien de postura.

FACTORES PSICOLÓGICOS QUE FAVORECEN EL DIVORCIO CONFLICTIVO

Del mismo modo que existen variables psicológicas que apoyan el desarrollo de un buen divorcio, existen también factores psicológicos que favorecen un divorcio conflictivo. Describiremos en este punto a los sujetos nerviosos, a los dependientes, a los negativos y a los pasivos, por ser las tipologías que se presentan con una frecuencia mayor.

Los sujetos nerviosos, aquellos cuyo comportamiento puede verse afectado por una evaluación de la situación demasiado apresurada, son individuos susceptibles y emocionalmente más volátiles. Sus reacciones son extremas, con lo que provocarán mayores consecuencias. En los individuos con un esquema de comportamiento de este tipo, el divorcio supone una situación que les va a generar un fuerte estrés. Y al no detenerse suficientemente a pensar, tendiendo por el contrario a valorar las cosas con prisa y sin profundidad, suelen provocar problemas innecesarios o agravar en exceso los presentes.

Los sujetos dependientes son aquellos que se sienten incapaces de tomar decisiones por sí mismos, buscando continuamente apoyarse en los demás para lograr refugio en sus actos. Su autoestima es muy baja, lo que les lleva a ver problemas en todas partes, a sentirse heridos con facilidad por cualquier crítica y a adoptar una postura pasiva ante la vida. Cuando se les presenta la ruptura de su pareja desarrollan sentimientos de desolación e inutilidad, y también de miedo a quedarse solos y no poder rehacer su vida. En momentos así sus altibajos emocionales son muy acusados, y desarrollan fuertes sentimientos de desconfianza hacia los demás. Por todo ello recurren al chantaje emocional, al victimismo, queriendo resolver sus problemas de esta forma.

Los sujetos negativos siempre están contemplando la vida como una botella medio vacía. Al más mínimo contratiempo, sus pensamientos se vuelven catastrofistas, y tienden a asumir que no controlan o no pueden influir en lo que les ocurre, así como a adjudicarse la responsabilidad de todo aquello que ha salido mal. Del mismo modo que un optimista es, en sí mismo, parte de la respuesta, el pesimista es parte del problema. Frente a las propuestas plantea excusas. Para él, un contratiempo nunca constituye un aprendizaje, por lo que tenderá a volver a equivocarse.

Finalmente, los sujetos pasivos son aquellos que renuncian a actuar sobre lo que les ocurre, huyen de los problemas o sencillamente se quedan inmóviles ante su presencia. Buscan figuras a su alrededor en las que apoyarse y a las que trasladar la responsabilidad de sus decisiones. Desisten de sus propios derechos para dedicarse a complacer a los demás, pensando que de esta forma se resuelven mejor los problemas. Al no ver cubiertas sus expectativas, su reacción, dirigida tanto hacia los demás como hacia sí mismos, puede ser explosiva.

TRASTORNOS DE PERSONALIDAD QUE FAVORECEN EL DIVORCIO CONFLICTIVO

Los rasgos de personalidad antes descritos son patrones persistentes de formas de percibir, relacionarse y reflexionar sobre el entorno. Su presencia en un individuo se pone de manifiesto en una amplia gama de situaciones tanto personales como sociales. Cuando son inflexibles y desadaptativos y cuando causan un deterioro funcional significativo o un malestar subjetivo, estos rasgos constituyen trastornos de la personalidad. Su característica principal es la existencia de un patrón permanente de experiencia interna y de comportamiento que, apartándose de las expectativas de la cultura del sujeto, se manifiesta en al menos dos de las siguientes áreas: cognoscitiva, afectiva, de la actividad interpersonal y del control de los impulsos.

El área cognoscitiva se refiere a la forma que tenemos de percibir e interpretar a los demás, los acontecimientos que nos rodean y a nosotros mismos; la afectividad se relaciona con la forma de responder emocionalmente a lo percibido; lo interpersonal engloba al modo de relacionarnos con nuestros iguales, mientras que el control de los impulsos hace referencia a la capacidad de resistir el deseo o la tentación de llevar a cabo algún acto con consecuencias para sí o los demás.

Es muy importante conocer si nuestra pareja se encuadra en algunos de estos diagnósticos, pues ello va a definir en buena medida la actitud que adoptará al enfrentarse a un divorcio. Los trastornos de personalidad más comunes son el *trastorno paranoide*, un patrón de desconfianza y suspicacia que hace que se interpreten maliciosamente las intenciones de los demás; el *trastorno esquizoide* de la personalidad, cuando el individuo se desconecta de las relaciones sociales y restringe su expresión emocional; el *trastorno esquizotípico* de la personalidad, por el que el sujeto experimenta un malestar intenso en las relaciones personales y elabora distorsiones cognoscitivas o perceptivas y excentricidades del comportamiento; el *trastorno antisocial*, que hace que la persona muestre un patrón de desprecio y violación de los derechos de los demás; el *trastorno límite de la personalidad*, que se caracteriza por la inestabilidad en las relaciones interpersonales, la autoimagen y los afectos, y por una notable impulsividad; el *trastorno histriónico*, que define a sujetos de excesiva emotividad y demanda de atención; el *trastorno narcisista*, un patrón de grandiosidad, necesidad de admiración y falta de empatía; el *trastorno por evitación*, en el que predominan la inhibición social y los sentimientos de incompetencia y de hipersensibilidad a la evaluación negativa; el *trastorno de la personalidad por dependencia*, que describe a un sujeto sumiso y pegajoso, con una excesiva necesidad de ser cuidado, y, finalmente, el *trastorno obsesivo-compulsivo de la personalidad*, que incluye a aquellos individuos cuya máxima preocupación es el orden, el perfeccionismo y el control.

Al sentirse el sujeto amenazado por la situación de divorcio, la existencia en él de cualquiera de los patrones de comportamiento descritos, siendo como son estructuras rígidas de personalidad, dará lugar a conductas desadaptativas que favorecerán el conflicto. En unas ocasiones, porque aparecerán distorsiones cognitivas que dificultarán la negociación y el acuerdo; en otras, por el desprecio que mostrará el sujeto a los derechos de los demás, lo que, aunque se hayan alcanzado acuerdos, provocará que los incumpla sistemáticamente. Si cree haber reconocido a su pareja en alguna de estas definiciones, no deje de tenerlo presente en un proceso de divorcio.

El divorcio psicológico desde la perspectiva de género

Hemos descrito un grupo de variables que a la hora de divorciarse afectan tanto a la mujer como al hombre. Nos centraremos ahora en cada uno de los sexos por separado.

En los cambios experimentados por las familias en los últimos cincuenta años, los hitos básicos giran en torno a un conjunto de elementos muy concretos. Así, el control de la natalidad, determinado por los avances médicos en la anticoncepción, ha permitido una mayor libertad en la mujer, que ahora puede decidir planificar la crianza y el destino de sus embarazos. Consecuencia directa de ello es la disminución del número de hijos, así como el aumento en la esperanza de vida y en la calidad de ésta.

La mujer, liberada de su función casi exclusiva de procreación, ha ampliado su reino doméstico para introducirse plenamente en el mundo laboral. Esto ha tenido como consecuencia inmediata la redistribución del trabajo en el hogar y profundos cambios en la relación con su pareja. El marido tiene que ayudar en casa, mientras se generalizan nuevas figuras de cuidado que se hacen cargo de los hijos cuando los padres se encuentran ausentes.

La desvinculación de las relaciones sexuales con la procreación ha facilitado la ruptura de mitos sobre la sexualidad y sobre la diferente forma de vivirla del hombre y la mujer. Esos cambios han afectado a los valores morales, religiosos y sociales, pero especialmente a los valores familiares. Mientras que antes la consecución de un entorno estable en el que criar niños y desarrollarse como unidad familiar era lo más relevante, en la actualidad el criterio básico para la elección de pareja lo constituye la afectividad. Y otros valores como la búsqueda de un mejor nivel de vida, la promoción profesional o el ocio han venido a copar los primeros puestos en la pirámide de las motivaciones humanas.

En un proceso de divorcio, las emociones, su intensidad y forma de expresión, así como las estrategias a la hora de afrontarlo, son distintas en las mujeres que en los hombres, no porque sean productos diferenciales debido a la condición sexual, sino en tanto que elaboraciones motivadas por las dispares formas de socialización y educación presentes desde la infancia. Los valores sobre «lo que se espera que haga una mujer» en el momento del divorcio, las expectativas que existen por su «incuestionable renuncia a la custodia» de los hijos que todos los participantes en este proceso esperan, son ejemplos de las creencias asociadas a la «femineidad», del mismo modo que la insensibilidad afectiva, la dureza de carácter y el estoicismo ante la adversidad serían «lo característico» en el varón.

Este esquema se está rompiendo en la generación obediente. Muchos hombres han descubierto el placer de la crianza, y asumen renuncias en su tiempo de ocio y en su promoción laboral para disponer de tiempo que compartir con sus criaturas. Del mismo modo, muchas mujeres no se ven como ejes fundamentales de la crianza sino como complementos necesarios, por lo que compaginan su maternidad con su ejercicio profesional. Ha pasado el tiempo en el que las mujeres identificaban la pareja como el lugar natural donde desarrollar su vida adulta. Ahora, si la relación no les satisface, no dudan en llevar la iniciativa de proponer su ruptura, siendo las que con mayor frecuencia plantean la demanda de divorcio.

Pese a todo lo dicho, el cambio más llamativo es el que se está produciendo en los hombres. El estudio «Los hombres jóvenes y la paternidad», de la Fundación BBVA, publicado en 2007 y dedicado a la nueva figura de los padres y madres españoles, deja claro que los hombres ya no basan la crianza de sus hijos en la ley de la fuerza, sino que buscan ser más sensibles, afectuosos y comunicativos. La conclusión de dicho estudio es que la nueva figura paterna ha renunciado al modelo legado por sus mayores, tradicionalmente relacionado con la fuerza, la autoridad y la ausencia del hogar. Los padres actuales despliegan cada vez más valores que antes se asociaban en exclusiva a las madres, implicándose de forma directa en la crianza de los hijos y rechazando el castigo físico, acompañado todo ello de una ausencia completa de temor a demostrar públicamente su afecto. En estas nuevas parejas, las tareas se reparten en función de las capacidades de cada uno, no en función del género.

Un dato revelador del cambio producido lo ha proporcionado la propia Secretaría General de Políticas de Igualdad. Según un informe de esta institución, a los tres meses de la aprobación de la Ley de Igualdad, el número de hombres que habían solicitado el permiso de paternidad era ya de 20.000, frente a los sólo 5.700 que lo habían hecho durante todo el año anterior.

La nueva figura paterna

Hablar de cambios en general está directamente abocado al error. Los nuevos padres no constituyen un grupo homogéneo, como tampoco lo hacen las nuevas madres. Sin embargo, podemos señalar tres grandes grupos que los estudios más recientes sobre la nueva figura paterna han destacado.

El progenitor que se halla más cerca de aquel modelo de padre que él conoció en su niñez es el que de cara a su pareja adopta un papel de complemento. Son padres que apoyan desde fuera a su esposa y tienen asumido que es a ella a la que le compete el cuidado y crianza de los hijos; buenos colaboradores, pero adjuntos a un poder centrado en el otro miembro de la pareja. Su visión de la crianza aún está anclada en mitos culturalmente establecidos sobre la base de las diferencias sexuales, aunque, sin embargo, han roto con muchos otros corsés presentes en la generación anterior. A diferencia de sus padres, participan en algunas tareas en el cuidado directo de los hijos, pero su contribución sigue siendo anecdótica.

El siguiente tipo de figura paterna es el de quien establece una relación de igualdad con su pareja en lo relativo a la crianza de los hijos. Como padre corresponsable, es capaz de sacrificar tiempo de su trabajo y de su ocio para dedicárselo a sus retoños. Y, a diferencia del anterior, no tiene una visión de la distribución de tareas basada en un reparto en función del sexo, sino de corresponsabilidad en una tarea a la que ambos tienen que contribuir. Resulta interesante comprobar cómo en estas parejas sus miembros intercambian los papeles en función de la necesidad y disponibilidad del tiempo de cada uno, de suerte que en unas ocasiones es el padre el que va a ver al tutor, mientras que otras lo hace la madre.

El último tipo de figura paterna lo constituye el hombre que ha asumido por completo el lugar que culturalmente en la crianza siempre se le había otorgado a la mujer. Es el padre emocional, no el que se ha desembarazado del temor a expresar sus emociones, sino el que es afectivo en cada una de sus expresiones para con sus hijos. Su vida está centrada en el cuidado de éstos, y, como considera que su existencia ha cambiado por completo desde su aparición, ha cambiado su modelo de ocio y su relación con su ocupación laboral. Su papel, culturalmente hablando, es maternal.

Para finalizar, conviene señalar que estas tipologías no se dan en ausencia de influencias. Por el contrario, su expresión depende de variables diversas, siendo tal vez la más relevante el tipo de pareja con el que se comparte la crianza. Un padre complementario puede que no consiga ser un padre emocional por las propias limitaciones que su pareja le pone en el día a día de la familia. Del mismo modo, una madre muy implicada puede que haya adoptado ese papel debido al hecho de que su pareja no tiene iniciativa, y socialmente se espera que sea ella quien la tenga. Es decir, debemos plantearnos que estamos siempre ante un sistema de mutuas influencias y retroalimentación, por lo que los análisis simplistas o superficiales están condenados al naufragio. La visión monolítica, inamovible, aquella que se plantea que si hasta ahora ha sido así, así va a seguir siendo, constituye un error no ya sólo desde un punto de vista de análisis social, en el tiempo, sino también desde el punto de vista de la propia pareja, cuyos miembros, tras el divorcio, se ven forzados a reinventar su forma de relacionarse, su distribución de responsabilidades y, en consecuencia, el reparto de las obligaciones cotidianas.

4

EL DIVORCIO LEGAL

El divorcio es una pérdida emocional, social y económica, y produce vivencias emocionales que se expresan de forma muy distinta en función de la personalidad y de los recursos personales de los implicados, o incluso de las diferencias culturales que la educación aporta a uno y otro sexo. Éste es el divorcio psicológico que acabamos de describir.

A partir de este momento hablaremos del segundo proceso, el divorcio legal, lo que incluye los problemas de ámbito jurídico, económico y social que la pareja deberá afrontar. Llegados a este punto, el divorcio cambia de plano: de ser un asunto íntimo se convierte en un asunto público; de ser un acuerdo entre dos individuos, pasa a ser tratado como un contrato social en el que la ley, la tradición, la política y los medios de comunicación tienen mucho que decir.

FACTORES LEGALES Y ECONÓMICOS DEL DIVORCIO

A la hora de analizar el divorcio es importante que reflexionemos sobre el hecho con mayor profundidad de la que habitualmente empleamos. Resulta sorprendente lo que algunas personas son capaces de hacer en un divorcio, hasta el punto de que, en ocasiones, llegamos a barajar la posibilidad de si no estarán afectados por algún estado de enajenación mental transitoria que pudiera justificar su comportamiento. La ruptura de una pareja no es únicamente una pérdida en el orden emocional, también lo es en el legal y el económico. Si nos fijamos en los antecedentes de los sujetos, en el entorno en el que se inscriben, en la conducta que expresan e, incluso, en el marco legal en el que se desenvuelven, estaremos en situación de efectuar un análisis más profundo para entender lo que está pasando. Los antecedentes de la crianza propia, las presiones sociales, las formas legales, las diferencias de afrontamiento entre el hombre y la mujer y las ganancias económicas son algunas de las variables que analizaremos aquí.

¿Qué hay debajo de una ruptura conflictiva?

En las rupturas conflictivas los desacuerdos se producen en dos áreas fundamentales: el patrimonio y la custodia de los hijos. La primera tiene la virtud de ser fácilmente solucionable gracias a la aritmética. Si dos personas no se ponen de acuerdo en cómo repartirse sus bienes, no hay más que dividirlos en dos partes iguales y sortear los lotes. Algunos abogados ofrecen a sus clientes la posibilidad de que uno de ellos realice los lotes, dando al otro la oportunidad de elegir cuál de ellos prefiere. Ante esta situación, tanto uno como otro se cuidan mucho de cubrir sus respectivos intereses, haciendo muy difícil la disputa.

El verdadero problema viene con los hijos, algo que, desde Salomón a esta parte, resulta inasequible a la aritmética. Los hijos no se dividen y —algo que en muchas ocasiones se olvida con facilidad— siempre necesitarán de sus dos figuras parentales. El problema se agrava aún más cuando el área primera se vincula a la segunda, es decir, cuando la tenencia de los hijos acarrea el disfrute de los bienes de la pareja rota. Entonces los hijos se convierten en la llave de la alcancía, por lo que muchos progenitores se olvidan de las necesidades de los pequeños y anteponen sus propios intereses a los de éstos.

Todos venimos a este mundo en el seno de un entorno que nos provee de sustento para nuestro crecimiento biológico, y que también nos aporta ciertos modelos que van a determinar nuestra forma de comprender el mundo que nos rodea cuando alcancemos la edad adulta. El modelo primario fundamental es la familia. La observación que hacemos de los papeles representados por nuestras figuras principales de cuidado —habitualmente nuestra madre y nuestro padre— va a determinar en el futuro nuestra propia visión del mundo. Sin embargo, hoy en día no sirve el modelo de nuestros padres, sencillamente porque ha desaparecido. La madre ya no tiene la exclusiva del afecto, como tampoco el padre el monopolio de la disciplina. Los modelos bajo los cuales se divorcian los progenitores de hoy son otros. Los varones ya no quieren quedarse en la periferia de la vida de sus hijos. Consideran humillante adoptar una postura de visitador de fin de semana, de «papá burguerking» siempre dispuesto para el ocio —pero sólo para eso—, sin posibilidad de participar en las tareas escolares o en las decisiones relevantes sobre salud.

Esta nueva realidad es contemplada por las madres que se divorcian desde dos puntos de vista. Por un lado está la necesidad de compartir el esfuerzo de la crianza y la educación de los hijos en un mundo que las ha empujado a salir a la calle para trabajar. La doble jornada —fuera y dentro del hogar— ahoga a muchas mujeres que ven cómo no llegan a todo aquello que se supone deben alcanzar, mientras sacrifican su vida privada o sus posibilidades de ascenso profesional con tal de hacer lo que se espera de ellas. Pero por otro lado surge el recelo de verse privadas de un espacio que hasta hace muy poco era considerado propio de ellas, casi exclusivo. Cuando a lo anterior se añade la aparición de una nueva pareja en la vida de su ex marido, es posible que desarrolle un fuerte sentimiento de amenaza al sentir que, de alguna forma, su papel de madre está siendo usurpado. Tanto las que adoptan la primera postura como las que optan por la segunda se ven llenas de conflictos, preocupaciones y sobrecargas, en su intento de conjugar los papeles con los que las educaron y que vieron en sus madres con el trabajo, la vida social y sentimental, el ejercicio de una profesión y la maternidad.

Modelos de crianza

Considerando lo anterior, las causas por las que algunas mujeres buscan relegar la figura del padre de sus hijos tras el divorcio podrían ser varias. Si dirigimos nuestra mirada al tipo de familia en que esas mujeres se criaron, encontraremos que el modelo de padre que les sirve de referencia es el de un progenitor en el que reposaba la autoridad y la responsabilidad de proveer; la madre, por el contrario, representaba la virtud y el afecto, así como la figura fundamental en la educación de los hijos y la responsable de ella.

Pero la evolución social de las últimas décadas ha hecho que varones y mujeres busquen nuevos papeles en la relación con sus pequeños. Las mujeres actuales quieren ser profesionales, llevar la iniciativa en las relaciones de pareja y ser autónomas en su día a día. Muchas, especialmente las más jóvenes, han aprendido a desvincular el amor del sexo, y en un hombre buscan algo más que una persona que les proteja o sea capaz de leer un mapa.

Del mismo modo, los hombres ya no se conforman con proveer y han comenzado a participar también en la crianza de los hijos. Cambian pañales, aceptan de buen grado pasar una tarde con ellos y descubren el placer de sentirse buscados cuando éstos se lastiman una rodilla. El papel afectivo se reparte ahora entre ambos miembros de la pareja, y, a su vez, la madre se ha lanzado a compartir plenamente el papel de proveedor, antes reservado al hombre en exclusiva.

El problema se produce con la ruptura. Como hemos señalado, son muchos los hombres que ya no se conforman con quedar relegados al papel de padre visitador de fin de semana —algo que sí aceptaban sus propios padres cuando se divorciaban—, y quieren seguir ejerciendo la autoridad y ofreciendo afecto a sus hijos sin olvidar nunca el papel de proveedor. Esto ha generado que muchas mujeres, que durante la convivencia en pareja aceptaron de buen grado este nuevo reparto de responsabilidades, no lo acepten tras la ruptura, y pretendan limitar el papel de su ex pareja, interfiriendo física y emocionalmente en la relación del padre con sus hijos. Ahora que la relación ha terminado, quieren padres como los que ellas conocieron pero sin autoridad, lo que abona el campo para el conflicto encarnizado en el juzgado.

Todo ello está generando en los varones una disonancia cognitiva muy acusada. Mientras fueron padres, se les empujaba a implicarse en la crianza de sus hijos: los mensajes sociales eran que tenían que cambiar pañales, detenerse en la lectura del cuento cuando los niños se acostaban o participar en las actividades de la escuela. Sin embargo, cuando se divorcian, contemplan perplejos que la justicia les deja en un papel secundario, visitador y proveedor, con el que se tienen que conformar.

El alcance de todo esto no se queda aquí, ya que lo que hemos expuesto también genera un problema similar en muchas mujeres, que ven cómo, si su ex pareja no comparte su tiempo con sus hijos, nadie va a venir a ayudarlas, nadie les va a echar una mano en su doble jornada laboral —fuera y dentro del hogar—, terminando el día agotadas y sin tiempo para ellas. Resulta interesante reflexionar sobre el hecho de que si un padre divorciado no pasa mucho tiempo con sus hijos, habitualmente nadie va a venir a denunciarlo o a reprobarle en exceso, mientras que si muestra un especial interés en compartir la custodia o implicarse más allá de lo establecido, es muy probable que comience a recibir denuncias de su ex pareja.

La presión social

Otra fuente de información relevante a la hora de entender el comportamiento de los sujetos en el divorcio es la contemplación del entorno social en donde se inscribe la ruptura. En todo grupo humano existen unas «leyes sociales» —entendiendo como tales verdades, afirmaciones o creencias no escritas— que determinan y fuerzan la forma de conducirse y evaluar el comportamiento de las personas que pertenecen a ese grupo, lo que genera en el sujeto una presión difícil de evitar.

La mujer separada no se libra de esas presiones. Socialmente, está sancionado que una madre pelee por sus hijos usando todos sus recursos y llegando al agotamiento si hiciera falta. Es lo que se espera que haga. De esta forma muchos de sus comportamientos se justifican, cuando no se aprueban abiertamente, siempre que vayan acompañados del lógico interés de proteger a sus hijos, por más que pudieran considerarse lesivos para ellos. En el extraño caso de que en un divorcio la custodia le sea concedida a un varón, resulta interesante que la actitud general hacia la madre sea la de preguntarse «por qué le habrán quitado la custodia», mientras que si la custodia recae en la mujer nadie se pregunta si al varón le han privado de algo importante en su vida.

Nada más plantearse el divorcio, Antonio propuso a Marta que acordaran una custodia compartida de su hija Alba. Marta, segura de que la juez le daría la custodia a ella,

85

se negó en redondo. Cuando la juez vio que el horario del padre permitía que él se hiciera cargo en mejores condiciones de la crianza de la niña, le otorgó la custodia provisional al padre. Marta no podía creerlo. Ella era la madre. Todos le habían asegurado que no importaba que su horario fuera más extenso y que implicara viajar varios días a la semana. Se sentía estafada y no dejaba de preguntarse cómo una mujer podía haberle hecho aquello a otra mujer.

El mismo problema acarrea el concepto de custodia compartida. Es habitual encontrarse divorcios en los que la mujer —y en muchas ocasiones el propio juez— se niega a firmar los términos del convenio de separación cuando aparece dicho concepto. Si nos fijamos en la distribución de tiempos y espacios, esos convenios contemplan un reparto equilibrado entre ambos progenitores y podrían ser considerados custodias compartidas *de facto*, pero la aparición del propio concepto impide su aceptación. El valor emocional que comporta para algunas mujeres podría igualarse al de una renuncia que, psicológicamente, no pueden asumir.

Todo esto conlleva consecuencias en diversas esferas de la acción humana, pero aquí nos detendremos en una que va a ilustrar muy claramente al lector sobre las afirmaciones que venimos realizando. El artículo 120.3 de la Constitución española requiere de los jueces y magistrados que, cuando dicten sentencias, éstas se encuentren motivadas. En un estudio realizado por Arce, Fariñas y Seijo (2004) sobre una muestra de setecientas ochenta y dos sentencias, los autores observaron que en más de la mitad de ellas no había criterio alguno que fundamentara la decisión de otorgamiento de la custodia. Resulta significativo comprobar que la custodia paterna era decidida por un criterio «de exclusión de la madre», puesto que se resolvía por demérito de ésta —por algún tipo de adicción, alienación parental, abandono o maltrato, enfermedad mental, etcétera— y no porque el padre tuviera cualidades de crianza más positivas para la tenencia de los hijos. En consecuencia, la conclusión de los autores es que las decisiones sobre la guarda y custodia de los menores podrían no estar defendiendo el mejor interés del menor.

La forma legal del divorcio

Tampoco debemos olvidar el entorno legal en el que nos movemos. La forma jurídica que adopta el divorcio provoca que se generen un ganador y un perdedor. En juego está la custodia, la vivienda y la pensión. En un escenario en donde se establece que el enfrentamiento constituye la única forma real de lograr lo que se plantea, el conflicto —con todas sus consecuencias— está servido. Los sujetos se ven obligados a «demandar», «pedir medidas», «actuar» e incluso —como se hacía hasta hace poco en la legislación española y todavía está vigente en algunas latinoamericanas— a «acusar» al otro. Lo que se somete a litigio es muy importante y va a definir el futuro de los sujetos. Según datos de la organización católica Cáritas, un alto porcentaje de los ciudadanos que viven en la calle o que recurren a su organización para poder alimentarse está compuesto por hombres divorciados cuya penuria económica, fruto de un divorcio en el que han quedado sin hogar y cargados de deudas, les ha lanzado a la mendicidad. La situación puede llegar a ser mucho más preocupante cuando se recurre al alcohol. En Estados Unidos o España el nivel de suicidios en varones divorciados supera en ocho veces la media poblacional. Ante este panorama es esperable que la lucha durante el proceso de divorcio devenga en un enfrentamiento encarnizado, en el que los hijos, en la medida en que son la llave que abre la hucha, resultan ser siempre los más perjudicados. La obtención de la custodia de los hijos conlleva la vivienda y la pensión, lo que los convierte en el principal blanco de las presiones y anhelos de sus padres.

LA PERCEPCIÓN DEL DIVORCIO LEGAL DESDE LA PERSPECTIVA DE GÉNERO

También en este punto, las variables psicológicas diferenciales en el hombre y la mujer —a las que ya nos hemos referido y que posteriormente trataremos de forma más exhaustiva— constituyen una fuente de conocimiento que no debemos despreciar.

Algunos autores han comentado que la elección de pareja constituye una inversión mayor en el caso de la mujer. Si esto es así, podría determinar la percepción de un coste mayor para ella que para el varón en el caso de que la relación fracase. En las terapias de pareja es frecuente que la mujer refleje expresamente ese coste en términos como «te he dado los mejores años de mi vida», y que, en consecuencia, busque resarcirse de la inversión llevada a cabo. De hecho, la decisión en la elección de pareja por parte de la mujer no sólo está determinada por lo físico, sino que está vinculada a otros aspectos, tales como aquellas características de personalidad que garanticen estabilidad emocional y económica a la pareja y a los futuros hijos. En este supuesto, se están destacando expectativas de bienestar, progreso y seguridad que, sobrevenido el divorcio, se ven frustradas, lo que genera un coste psicológico nada desdeñable. Por tanto, el sentimiento de fracaso, de ruptura de las expectativas elaboradas, así como la percepción de mayor coste para la mujer, son variables todas ellas que hay que tener en cuenta a la hora de valorar las motivaciones que mueven a muchos sujetos tras la ruptura.

Los antecedentes de crianza, las presiones sociales, las formas jurídicas, las ganancias económicas y las variables psicológicas son factores que encontraremos tras las motivaciones de muchos individuos que se enfrentan al divorcio, factores que provocan que su comportamiento llegue a sorprendernos, y consiguen que en más de una ocasión nos replanteemos los pilares de unas creencias que, hasta ese momento, considerábamos sólidas.

LA UTILIZACIÓN DEL JUZGADO PARA RESOLVER PROBLEMAS EMOCIONALES

Antes de finalizar este apartado no quiero dejar de hablar, una vez más, de las emociones. Cualquier profesional que se dedique al divorcio convendrá conmigo en que las rupturas conflictivas se producen por el desacuerdo en el reparto del patrimonio y en la custodia de los hijos. Sin embargo, muy pocos llevarán su análisis más allá, perdiendo de esta manera gran parte de la información que les permitiría entender el problema que tienen delante.

En más ocasiones de las que nos gustaría reconocer, el juzgado es el lugar que se elige para resarcir deudas emocionales imposibles de cuantificar o recuperar de otro modo. Los miembros de la pareja buscan mucho más que una ruptura. En unas ocasiones, desean eliminar por completo de su vida a aquella persona que, según ellos, les provocó tanto dolor; en otras, devolver la afrenta, a poder ser corregida y aumentada, que consideran que han sufrido.

La no consideración de estas circunstancias hace que muchos profesionales del derecho, comenzando por los jueces, vean cómo su trabajo se complica hasta extremos insospechados. Los acuerdos no se cumplen, las sentencias no se ejecutan y lograr un avance implica un esfuerzo titánico que apenas compensa la inversión. En la base de todo ello se encuentra un profundo desprecio por el papel que el otro progenitor debe tener en la vida de los hijos comunes, así como por los derechos que le corresponden, si no como pareja, al menos como ciudadano. El error de los juzgadores aquí es andar intentando paliar, cuando su tarea es la de hacer cumplir.

En la negociación de la modificación de medidas que Álvaro le planteó a Ana, un año después del divorcio, no tuvo ningún reparo en reconocer delante de los dos abogados que sólo firmaría si Ana le pedía perdón por haberle sido infiel con aquel compañero de trabajo. Ana le miraba, frustrada y agotada. No reconocía al hombre con el que había estado viviendo casi trece años, al padre de su hijo Salvador.

La herida narcisista de los que llevan a cabo estas acciones no puede ser sanada en un ámbito jurídico, en tanto que no hace referencia a normas y leyes sino a necesidades y temores, a aspectos emocionales que poco o nada tienen que ver con los foros donde se interpreta la Ley. Es fácil percibir cómo, por más que se lo proponga el juzgador, siempre surgirán contratiempos, inconvenientes y excepciones que harán muy difícil, cuando no sencillamente imposible, avanzar en la resolución del conflicto. Olvidar que está allí para aplicar leyes y para tener en igual consideración los derechos y deberes de unos y de otros; estar ciego ante las pretensiones económicas vestidas de emociones legítimas de afecto por los hijos, o ceder a las presiones emocionales que sufre, a través de las cuales se logran beneficios en otros órdenes, es estar abocado a la incompetencia.

5

NUEVAS FORMAS DE VIOLENCIA
CONTRA LA INFANCIA

El comienzo de la lucha contra la violencia hacia la infancia es la historia del enfrentamiento de un grupo de hombres y mujeres que desafiaron las creencias imperantes en la sociedad de su tiempo. A finales del siglo XIX, en efecto, las sociedades occidentales consideraban que los niños eran propiedad de sus padres y tutores, los cuales podían hacer y deshacer en sus vidas a su antojo. La educación de estos niños incluía el castigo físico severo, mientras el trabajo desde temprana edad era más la norma que la excepción.

Las primeras demandas legales que pretendieron denunciar esta realidad, mediante el inicio de procedimientos judiciales para combatir situaciones que hoy en día nos parecerían inconcebibles en un país que se califica de desarrollado, tuvieron que verse con el vacío legal imperante. La historia nos remonta al Nueva York de 1874. Por entonces, en Estados Unidos ya algunos estados habían promulgado leyes que prohibían el castigo físico excesivo en los niños. El estado de Nueva York había ido más allá y había aprobado leyes que permitían retirar los hijos a los cuidadores negligentes. En aquel año de 1874, Etta Wheeler, una trabajadora de la misión metodista que visitaba un barrio humilde donde había sido requerida, descubrió el maltrato que sufría una niña de 10 años. La niña mostraba hematomas y cicatrices por todo el cuerpo, así como síntomas evidentes de malnutrición y negligencia en su higiene. Tras pedir ayuda a las instituciones de la ciudad, las autoridades se mostraron muy renuentes a la hora de intervenir.

A pesar de la incomprensión que encontró, Wheeler continuó sus esfuerzos para rescatar a Mary Ellen, nombre con el que esta niña ha pasado a la historia. Con esta intención pidió ayuda a Henry Bergh, un líder del movimiento de protección de los animales en Estados Unidos y fundador de la Sociedad Americana para la Prevención de la Crueldad contra los Animales (ASPCA). Puesto que él había logrado que se dictaran leyes que protegieran a los animales, Wheeler pensó que bien podría hacer lo mismo con los niños. El señor Bergh, conocedor del valor de la opinión pública y del papel que ésta había desempeñado en la toma de conciencia respecto a la causa que él promovía, se dirigió al *New York Times*, logrando que sus periodistas asistieran a las audiencias que se iban a celebrar con la niña de protagonista.

Cuando fue llevada ante el juez, Mary Ellen vestía harapos y mostraba heridas en todo su pequeño cuerpo, incluida una hendidura en el ojo izquierdo y en la mejilla, lugar en el que su madre adoptiva la había golpeado con un par de tijeras. En su desgarradora declaración ante el tribunal, la niña reconoció que no sabía qué edad tenía, que recibía castigo casi a diario mediante golpes y azotes con un látigo, y que no recordaba que jamás la hubieran besado o sacado a la calle. El juez dictó una orden de protección, y finalmente falló que se retirara la niña a la madre. Tras pasar por un centro de protección, Mary Ellen fue adoptada por una familia. Al llegar a la edad adulta se casó, tuvo hijos y llegó a ser abuela. Murió en 1956, a la edad de 92 años.

El motivo por el que traigo esta historia a colación es doble. Por un lado, para resaltar el que hasta ese momento nadie se hubiera preocupado de elaborar leyes que recogieran medidas de defensa y protección efectiva hacia la infancia. Al verse desamparados, los promotores de la iniciativa decidieron echar mano del ejemplo que proporcionaban las leyes de protección de los animales, ampliamente desarrolladas ya para aquella época, ajustándolas al caso de los niños. Y por otro lado, para mostrar claramente la existencia de unas costumbres hacia los niños por parte de aquellos que debían ser sus cuidadores que permitieron a las instituciones y a la sociedad en general dar la espalda durante años a la situación en la que por entonces vivían muchos chiquillos. Es decir, independientemente de lo ilustrativo de la situación, lo que más nos interesa destacar aquí es que aquellos pioneros en la lucha por los derechos y la protección de la infancia tuvieron que enfrentarse a un conjunto de creencias que apoyaban usos y costumbres fundamentados en una violencia asumida por parte de la sociedad. La cultura, la moral y las costumbres de la época defendían, en efecto, que la violencia expresa, ejercida mediante el castigo físico y el maltrato psicológico, constituía una estrategia docente y correctiva legítima a la hora de educar a un niño. Nadie se extrañaba, nadie se quejaba ante el espectáculo de la humillación pública de un pequeño, ni tampoco ante los golpes que sus docentes o tutores decidían propinarle como castigo por sus acciones. La violencia era una forma natural, aceptada, legal y justa de educar. La violencia asumida era la norma.

Maltrato institucional

Siguiendo la definición de la UNICEF, podemos decir que los menores víctimas del maltrato y abandono son el segmento de la población compuesto por niños y jóvenes hasta los 18 años que sufren, ocasional o habitualmente, actos de violencia física, sexual o emocional, ya sea en su grupo familiar ya en las instituciones sociales. El maltrato puede ser ejecutado por omisión, supresión o transgresión de los derechos individuales y colectivos, e incluye el abandono completo o parcial. Es decir, maltrato es el uso por parte de un adulto de una violencia intencional y repetitiva cuya finalidad es causar dolor al niño.

Intentando reaccionar ante esta realidad, las sociedades occidentales contemporáneas han desarrollado instrumentos, instituciones y leyes que pretenden velar por la protección de la infancia. De esta suerte, la Convención de Derechos del Niño de 20 de noviembre de 1989, la Carta Europea de Derechos del Niño (Resolución del Parlamento Europeo A3-0172/92, de 8 de julio de 1992), el Pacto Internacional de Derechos Civiles y Políticos de 19 de diciembre de 1966 (concretamente el art. 24, relativo a las medidas de protección que requiere el menor tanto de la familia como de la sociedad y el Estado), el Pacto Internacional de Derechos Económicos,

Sociales y Culturales de 19 de diciembre de 1966 (y específicamente su art. 10.3 que obliga a adoptar medidas especiales de protección y asistencia en favor de todos los niños y adolescentes y específicamente contra la explotación económica y social), así como la Declaración Universal de los Derechos Humanos, de 10 de diciembre de 1948 (que en su art. 25.2 reconoce el derecho de la infancia a cuidados y asistencia específicos), son algunas de las iniciativas legales que han venido a articular los derechos y especial protección que debe tener la infancia. Sin embargo, una vez más, es posible que la propia acción correctora haya podido generar mecanismos más cercanos a la acción punitiva que a la de protección y auxilio.

En medicina se llama «iatrogenia» a cualquier alteración del estado del paciente producida por el médico. El concepto deriva de la palabra «iatrogénesis», que literalmente significa «provocado por el médico o sanador», y que se aplica a todas aquellas situaciones en las que la propia acción que busca sanar, corregir o proteger de un daño genera uno nuevo en el sujeto al que va dirigida. En la sociedad contemporánea, la psicología ha definido dos nuevos conceptos que vienen a encuadrarse directamente en este apartado.

El primero es el maltrato institucional, que incluye cualquier legislación, programa, procedimiento, actuación u omisión procedente bien de los poderes públicos, bien de la actuación individual del profesional o funcionario de la Administración, que comporte para el niño abuso, negligencia, detrimento de su salud, seguridad, estado emocional, bienestar físico o de su correcta maduración, o que viole sus derechos básicos.

El segundo concepto es el de victimización, y a él dedicaremos el siguiente apartado.

LA VICTIMIZACIÓN DE LA INFANCIA

La victimización primaria es la consecuencia de un delito. El delito hace que la persona afectada sienta que han sido violados sus derechos como individuo y se encuentre desprotegido y débil, desamparado y desbordado por la situación. Esa persona es la víctima directa y asume el papel como tal. En la mayoría de las ocasiones, los efectos psicológicos son adversos, y entre ellos merecen destacarse el sentimiento de indefensión, la frustración por no haber podido enfrentarse al agresor, la rabia y el temor a que la agresión se vuelva a repetir. Sin embargo, a veces las víctimas no elaboran consecuencias negativas. Ya sea porque dispongan de amplios recursos personales en los que apoyarse, ya gracias a la ayuda que reciben, estos individuos consiguen superar la situación y seguir adelante con sus vidas sin elaborar mayores problemas.

La victimización secundaria, por su parte, es el fruto de una respuesta equivocada del sistema al sujeto que ha sufrido la agresión, una respuesta que le hace revivir de nuevo su papel de víctima, pues, cuando esto ocurre, no es ya víctima sólo de un delito, sino también del propio funcionamiento del sistema. La persona recibe un trato inadecuado e injusto, se le hace repetir una y otra vez el relato de los hechos, se la somete a distintas exploraciones —muchas de ellas redundantes— y frente a profesionales distintos. En los casos más extremos, los sujetos relatan haber desarrollado pensamientos irracionales, en los que ellos mismos se percibían como responsables del delito; o bien confiesan que han llegado a dudar de la realidad de lo que vivieron. Este trato injusto suele tener lugar en la relación de la víctima con las fuerzas de seguridad, la administración judicial y los servicios asistenciales encargados de su protección.

En el caso concreto de la infancia, el divorcio ha construido todo un nuevo escenario de maltrato que participa de los dos conceptos antes expuestos. Esta nueva forma de maltrato infantil no ha adquirido la apariencia y el marco de reconocimiento que tienen las formas clásicas —actos de violencia física, sexual o emocional contra el niño, o negligencia en su cuidado—, aunque con todas ellas comparte características. Se diferencia, no obstante, en que se produce en entornos que tradicionalmente no se consideraban peligrosos, o en que responde a realidades sociales contemporáneas que sólo unos años atrás no existían. En el primer caso, estaríamos hablando de familias integradas en la sociedad, no marginales, ni tampoco desestructuradas en el sentido clásico del concepto para las ciencias sociales. En el segundo caso estaríamos hablando del divorcio contencioso.

EL DIVORCIO CONTENCIOSO

La sociedad actual ha integrado el divorcio en su vida diaria, pero sin hacerse muchas preguntas sobre cómo se lleva a cabo. La realidad suele sorprender a sus protagonistas cuando ya se encuentran sumidos en el enfrentamiento judicial. Con ánimo expositivo, podemos decir que el divorcio es un enfrentamiento entre dos personas que, debido a su incapacidad para tomar decisiones por sí mismas sobre su vida, patrimonio, hijos y futuro, se ven obligadas a recurrir a terceros para alcanzar una solución. La forma que adopta es la de un conflicto en el que, en función de las armas que se utilicen, una de las partes enfrentadas saldrá mejor parada en sus aspiraciones que la otra.

En esta situación, los abogados, representantes legales de las partes enfrentadas, utilizarán los recursos propios de su profesión con el fin de alcanzar el mejor resultado para su representado. El enfrentamiento se lleva a cabo en el marco establecido por una serie de normas y códigos, cuyo árbitro e intérprete superior es el juez. Me interesa señalar que en ningún momento de esta definición se ha hablado de la solución «mejor» o la solución «más justa». Cuando se trata de divorcio, se habla de solución «ajustada a derecho».

En la normativa legal que regula el divorcio existen una serie de principios que usted debe entender. En el curso de este enfrentamiento más o menos serio entre los miembros de la pareja que es el divorcio, de haber hijos comunes, el interés que hay que proteger es el de estos hijos. Las decisiones, pues, se toman siempre en su superior interés, que en cualquier caso estará por encima de los intereses particulares de uno u otro progenitor. Desgraciadamente esto no es tan sencillo. En la práctica, los motores de las decisiones que adoptan los progenitores en los procesos de divorcio son, por este orden, las pensiones, la vivienda y los hijos, siendo estos últimos la llave para conseguir todo lo anterior. Y no es ésta una afirmación que hago a la ligera, sino un conocimiento asumido, recientemente destacado de forma pública por distintos jueces de familia y por una multitud de abogados.

El problema surge cuando los hijos se convierten en la llave de todo lo demás. Decía un antiguo refrán que los niños vienen con un pan debajo del brazo. Hoy, cualquier abogado le podrá decir que los hijos vienen con una vivienda. La ganancia adicional que el custodio de los hijos adquiere al retener la vivienda conyugal para su uso; la pensión para la manutención del hijo que el otro progenitor deberá abonarle —sin que tenga que darle cuenta alguna de cómo la gasta—, y, en ocasiones, una pensión compensatoria o de desequilibrio económico para el progenitor al que se le ha adjudicado la custodia del menor, empujan a que muchos sujetos instrumentalicen a los hijos para alcanzar semejante sinecura. No obstante, existe otra serie de ganancias intangibles que también buscan muchos progenitores, aunque en este caso el instrumento para lograrlas haga peligrar la salud psicológica y física de sus hijos. Estaríamos hablando de los deseos de venganza, de pasar factura, de resarcir la herida narcisista que la ruptura de la pareja ha producido en el individuo. Este conjunto de acciones que sufren los menores comienza ya a tener cierto reconocimiento en las sentencias que los juzgados emiten. Sin embargo, en la mayoría de las ocasiones se trata de daños asumidos, que incluso se califican de coste soportable, de secuelas lógicas e inevitables del divorcio.

El abanico de acciones que se ejercen sobre los menores suele concretarse inicialmente en su maltrato psicológico. Los niños comienzan a recibir presiones para que demuestren su fidelidad y amor a una de las partes en conflicto, a uno de sus progenitores. Desde los estudios más clásicos de Wallerstein —que mostraban cómo los niños estaban «sobrecargados» por tener que lidiar con el conflicto de sus padres, incluso a costa de sus propias necesidades emocionales— hasta los de Kelly o Lund, la literatura psicológica ha recogido ampliamente las alianzas patológicas o de lealtades de los niños con un progenitor o con sus hermanos en contra del otro. Borszomengy-Nagy definió el conflicto de lealtades como el proceso por el cual la lealtad hacia uno de los progenitores implica la deslealtad hacia el otro. En esta situación, los menores sufren el dolor de verse empujados a tener que tomar partido, precisamente por aquellos que más debieran salvaguardar su integridad.

Esta situación puede llegar a ser extrema, generando un problema relacional muy severo, cuando en los menores se encuentra un Síndrome de Alienación Parental (SAP). Dicho síndrome consiste en una alteración del comportamiento del menor, que resulta del proceso por el cual un progenitor transforma la conciencia de sus hijos, mediante distintas estrategias, con objeto de impedir, obstaculizar o destruir sus vínculos con el otro progenitor, hasta hacerla contradictoria con lo que debería esperarse de su condición. Lo que caracteriza aquí el problema es que, tras una campaña de desprestigio e injurias por parte del progenitor custodio, el hijo interioriza esos argumentos iniciando por sí mismo los ataques al otro progenitor, hasta que, finalmente, rechaza tener contacto con él.

Todas las situaciones anteriormente descritas se desarrollan en torno al proceso de divorcio y, en muchas ocasiones, la propia dinámica judicial favorece su construcción. La demora en la toma de decisiones debido a la carga de trabajo del juzgado, o la necesidad de recurrir a servicios de apoyo o asistenciales externos, constituyen buenos ejemplos de lo que estamos diciendo. Por otro lado, la necesidad de distanciar al otro progenitor, obstaculizándole el acceso a los hijos comunes, está estrechamente relacionada con el uso inadecuado de recursos legales legítimos —falsas denuncias de abusos sexuales y malos tratos, y uso de la mediación familiar para prolongar el conflicto—, en los que los progenitores implican a sus hijos activamente. Los niños se ven obligados a ser evaluados una y otra vez, en un peregrinaje institucional que puede tardar años y alcanzar límites de perversión insospechados.

Aun siendo todo esto grave, no agota lo que un menor puede llegar a soportar en un divorcio contencioso. Aún más sutil es el surgimiento de una nueva violencia asumida, como la anterior o aquella contra la que tuvieron que luchar los pioneros de la defensa de los derechos de los niños en el siglo xix, cuya expresión incluiría todas aquellas conductas, situaciones, normativas e instituciones que producen un deterioro en los aprendizajes necesarios para que el niño disponga de recursos de personalidad, especialmente en el plano emocional, para enfrentarse con garantías a la vida adulta.

Las discusiones entre los progenitores, las estrategias utilizadas para alcanzar sus objetivos aun a costa de los derechos de sus hijos, y las cesiones y desautorizaciones que llevan a cabo frente a éstos con tal de lograr su meta, constituyen todo un aprendizaje vicario al cual los niños no son inmunes. Albert Bandura, psicólogo autor de la teoría cognitivo-social del aprendizaje, afirmaba que la mayor parte de la conducta humana se aprende por observación. Bandura ofreció una descripción de los factores que afectan a los procesos humanos de aprendizaje, otorgando una gran importancia a los procesos de aprendizaje observacionales. La observación, como instrumento de modelado de la conducta humana, reveló a los psicólogos las grandes consecuencias que los modelos tienen para los niños.

Todos tenemos en nuestra memoria ejemplos de cómo los niños, desde una temprana edad, imitan a sus padres en los más mínimos gestos. Sin darse apenas cuenta, éstos llevan a cabo una fundamental actividad de formación de las ideas en los niños. Y dado que están presentes en cada momento de la vida de sus hijos, estos aprendizajes terminan por abarcar la totalidad de las esferas de conocimiento. Gracias a la socialización primaria de los niños, estas ideas son interiorizadas, siendo continuamente modeladas y moldeadas por los adultos, al igual que otros aprendizajes más fácilmente «visibles», como pudiera ser el lenguaje. El aprendizaje del conocimiento social —es decir, el conocimiento de los otros en tanto que individuos, con sus deseos y opiniones distintas, así como el conocimiento de nosotros mismos, de las relaciones sociales que se establecen entre los individuos, las relaciones de pareja, de grupo, etcétera— es una de las áreas fundamentales, y determinará la forma en la que el sujeto va a entender el mundo y a establecer sus relaciones con él. Así, entre otras cuestiones, el niño aprende que determinadas conductas son apreciadas por los adultos, y por tanto recompensadas, mientras que otras son reprobadas o incluso sancionadas.

Dentro de este aprendizaje de las normas sociales debemos incluir las normas morales genéricas, que afectan a la imagen que el niño se construye de la justicia, el respeto a la vida, a la libertad de los otros y a su integridad. Asimismo, las normas sociales conforman lo que se llama los papeles sociales, es decir, los personajes que vamos a representar en nuestras vidas. Finalmente, y de un modo que abarca todo lo anterior, el niño llega a la adquisición del conocimiento de la organización social —las instituciones, la escuela, la familia, etcétera— alcanzando una construcción global del mundo en el que se inscribe.

Teniendo en cuenta lo anterior, podemos afirmar que un modelo de comportamiento patológico desplegado por los progenitores al utilizar cualquier tipo de estrategia para alcanzar su objetivo, tendrá unas consecuencias muy importantes en el futuro del sujeto. Por tanto, la manera en que este tipo de maltrato se lleva a cabo es en forma de aprendizajes erróneos, a través de modelos y estrategias patológicas, o bien por un déficit formativo causado por educaciones desajustadas o permisivas. Estaríamos hablando aquí no de ausencia o de descuido en los cuidados, sino de cuidados incorrectos. A diferencia de un caso de negligencia, lo que incluiría el grupo de situaciones sobre las que aquí estamos hablando no sería la falta de cuidados, sino la intención de construir formas y ofrecer modelos desajustados en los menores.

De igual manera que antes hemos comentado que este tipo de maltrato comparte características con los otros tipos reconocidos clásicamente, también sus secuelas cubrirían todo el espectro de consecuencias que la literatura ha documentado hasta el momento para esos otros tipos, afectando tanto a la libertad sexual de los menores como a la emocional y física.

ACTOS DE VIOLENCIA ASUMIDA

La naturaleza que adquieren estos actos de violencia asumida es muy amplia, pero es posible hacer una primera clasificación de los mismos dividiéndolos en actos directos e indirectos. Dentro del primer grupo, el de los actos *directos* de violencia asumida de los progenitores hacia los hijos, podemos encontrar actos de omisión y actos de comisión. Entre los «actos directos de omisión» se incluyen todas aquellas acciones o comportamientos que van en la dirección de soslayar o debilitar las conductas de educación y cuidado que los adultos deben llevar a cabo con los menores a su cargo. Un ejemplo de esto sería la actitud de aquellos progenitores que se desentienden de sus responsabilidades educativas, con frecuencia justificándose en la brevedad del tiempo que comparten: «Cuando esté con su madre ya estudiará; para el poco tiempo que tengo con él prefiero que nos divirtamos».

Tales comportamientos pueden estar forzados por la situación de conflicto legal en la que se encuentran inmersos los padres. Tanto es así que muchos padres confiesan que se ven obligados a tomar estas decisiones por temor a que sus acciones sean aprovechadas por el otro progenitor para iniciar un nuevo frente judicial: «No voy a corregir a mi hijo porque tengo miedo a que su madre me denuncie».

Entre los «actos directos de comisión», por su parte, incluiremos todas aquellas acciones, situaciones o comportamientos que van en la dirección de forzar la elaboración de conductas en los menores que les enfrenten con el otro progenitor. Aquí incluimos desde el chantaje emocional o la elaboración de un conflicto de lealtades, hasta el puro mercadeo con los afectos a cambio de regalos o prebendas. En tales situaciones, es posible que el progenitor ofrezca al hijo aquello que éste desea: «Si vienes a vivir conmigo te compro la moto que quieres»; también que intente generar sentimientos de culpa en el menor cuando se va a casa del otro progenitor: «Cuando te vas me quedo muy triste»; o incluso es posible que lo implique en el enfrentamiento adulto: «No voy a verte hasta que no firmes el convenio con papá». En este punto, el caso extremo de violencia lo constituirían aquellas situaciones en las que un progenitor utiliza a sus hijos para que declaren contra el otro mediante la elaboración de falsas denuncias de abusos sexuales y malos tratos.

Dentro del segundo grupo, los actos *indirectos* de violencia asumida de los progenitores con los hijos, podemos encontrar todas aquellas conductas y situaciones que, sin estar dirigidas de forma expresa e inmediata hacia el menor, generan modelos patológicos o negligentes que éste va a acabar por asumir en su repertorio conductual. Ya no hablamos tanto de acciones evidentes hacia los hijos, sino de utilizar cualquier escenario para deteriorar la posición parental del otro progenitor. Imaginemos que un padre, tras escuchar repetidas veces de boca de su hijo adolescente que echa de menos tener Internet en su habitación, le invita a que le ayude a poner el cable del teléfono y, de este modo, darle un ejemplo de que el esfuerzo tiene sus recompensas y que cumplir los deseos cuesta cierto sacrificio. La madre, tergiversando la buena intención, denuncia al padre por forzar a su hijo a trabajar. En este grupo se incluyen también las situaciones de apoyo a las acciones del hijo que desobedezcan o tuerzan las instrucciones dadas por el otro progenitor o instituciones como la escuela.

CONSECUENCIAS A CORTO PLAZO EN LOS NIÑOS

Las consecuencias de todo lo anterior son evidentes en los menores. Como poco provocan desautorización cara al menor de uno de sus progenitores. Si no puede corregirle en sus acciones, obligarle a hacer las tareas escolares o castigarle porque el niño ha desobedecido el encargo que se le hizo, su autoridad como educador es nula. A su vez, el otro progenitor establece con su hijo una relación centrada en el intercambio, en la que el niño obedece o lleva a cabo una conducta a cambio o a costa de conseguir algo que le interesa. «Me quedo a vivir contigo porque me dejas llegar más tarde o me compras un teléfono móvil más caro».

Ocurre también que el menor se ve obligado a sentir rechazo hacia el otro, a mostrar su malestar o incluso su odio, pues eso es lo que se espera de él. De esta manera, es empujado a tomar partido activo en la difamación de uno de sus padres, en la agresión verbal o psicológica iniciada por el otro.

Finalmente, el niño se hace consciente, desde muy temprana edad, del poder adquirido, y comienza a utilizarlo en beneficio propio. Empieza entonces a construir estrategias propias para evitar sus responsabilidades escolares, de horarios, higiene o alimentación, adoptando una postura activa en la situación en la que se ve abocado a participar, en muchas ocasiones ante la incapacidad de ambos padres, entretenidos en sus conflictos personales.

Consecuencias estructurales en los niños

Una reciente investigación de la Universidad de Standford (Estados Unidos) ha puesto una vez más de manifiesto las secuelas que los actos de violencia tienen en los niños. Los investigadores han estudiado el impacto del trastorno de estrés postraumático (TEPT) en pequeños que han sido sometidos a un alto nivel de presión, fruto de un abuso sexual, físico o emocional. El TEPT es desarrollado por una persona que ha estado expuesta a un acontecimiento traumático en el que ha experimentado, presenciado o le han explicado acontecimientos caracterizados por muertes o amenazas para su integridad física o la de los demás, experiencia a la que el sujeto responde generando un temor, una desesperanza o un horror intensos.

Los expertos analizaron la anatomía cerebral de los niños afectados por este desorden a través de la medición del volumen del hipocampo, una de las estructuras cerebrales directamente implicadas en el procesamiento de las emociones y la memoria.

El estudio fue publicado por la revista *Pediatrics* y muestra datos muy interesantes. Los niños que tenían síntomas de estrés más severos tenían más altos los niveles de cortisol, hormona directamente relacionada con el estrés. En estudios animales se ha comprobado que la presencia de esta hormona estaría relacionada con la destrucción de células neuronales, tanto en el hipocampo como en otras estructuras cerebrales que forman parte del sistema límbico como la amígdala, el hipotálamo y el tálamo. Otra conclusión era que esos niños tenían también una mayor probabilidad de sufrir una reducción en el volumen del hipocampo al final del periodo de estudio, en comparación con el resto de niños examinados en la investigación. La reducción del hipocampo estaría relacionada con la menor capacidad del niño de enfrentarse al estrés en un futuro, lo que, en consecuencia, le haría más vulnerable a desarrollar ansiedad y depresión.

Independientemente de la relación causal que pueda existir entre la presencia de la hormona y el tamaño del hipocampo, los investigadores han comprobado que el tamaño del hipocampo estaría vinculado en los adultos con la mayor o menor capacidad del sujeto de enfrentarse al estrés. Tal es el caso del estudio llevado a cabo en gemelos adultos por el equipo de investigadores de Mark W. Gilbertson, del Departamento de Psiquiatría de la

Harvard Medical School, en Boston (EE UU), publicado en *Nature Neuroscience* en 2003. Uno de los gemelos había participado en la guerra de Vietnam, sufriendo TEPT a consecuencia de sus vivencias en ella. Los datos mostraron que, a pesar de esta diferencia vital, tanto en el gemelo que acudió a la guerra y tenía TPET, como en el que no fue y no lo tenía, se observó un nivel reducido del tamaño del hipocampo. Esto significaría que el hipocampo ya era menor antes del trauma experimentado, lo que constituiría un factor de vulnerabilidad. Nos encontramos, pues, ante un sistema que se retroalimenta. La mayor emisión de cortisol reduciría el tamaño del hipocampo, y un hipocampo menor aumentaría la emisión de la hormona, contribuyendo a reducir su tamaño. Sea como fuere, los investigadores están de acuerdo en que el volumen del hipocampo se asocia tanto a la gravedad de los síntomas de TEPT que sufren los niños como a sus niveles de cortisol.

APRENDIZAJES A LARGO PLAZO

Un error que pudiera cometerse sería el de pensar que las consecuencias de lo que venimos hablando se circunscriben al plano emocional. Como hemos afirmado anteriormente al hablar de los modelos, todo lo que se realiza con los niños adquiere un valor educativo. Cualquiera que sean las formas que adopten las acciones llevadas a cabo por los adultos en conflicto, en el menor se están construyendo modelos y estrategias patológicas que va a comenzar a utilizar en un futuro inmediato. Por otro lado, todo lo anterior contribuye a que crezca con fuertes déficits formativos, causados por una educación desajustada o permisiva que prima su instrumentalización antes que su construcción como persona y su necesaria adquisición de conocimientos y habilidades. El niño va a llegar a la adolescencia y juventud sin haber elaborado estrategias para superar la frustración y con un bajo nivel de logro.

La frustración es una vivencia emocional del sujeto frente a una situación en la que un deseo, un proyecto o una necesidad no se cumplen. Se trata de una experiencia ingrata, pero no tiene por qué ser negativa. Su valor educativo consiste en permitir al sujeto controlar la ira que inmediatamente le va a abordar. Si un niño aprende a frustrarse adecuadamente, por ejemplo haciendo primero las tareas escolares y dejando para luego el juego o los dibujos animados de la televisión, las emociones que le genere la situación no lo desbordarán, ni lo empujarán a comportarse de modo agresivo o a abandonar el intento. El niño que ha aprendido a frustrarse canalizará su emoción de modo positivo, seguirá intentándolo, buscará el error y cambiará aquello que le ha impedido alcanzar su deseo.

Una persona que tiene un nivel alto de tolerancia a la frustración necesita una frustración muy grande para desbordarse sea bien a través del enfado, bien del miedo, la tristeza o la desesperación. En su interior, los mensajes que el sujeto va a elaborar serán de aceptación, comprensión y, lo más importante, de acción para superar la situación. Por el contrario, una persona con un bajo nivel de tolerancia a la frustración responderá con enojo ante situaciones muy insignificantes. En su interior bullirán mensajes negativos o coléricos, que pocas veces resuelven o permiten alcanzar el proyecto anhelado.

La frustración, no como situación sino como vivencia, es desagradable, pero no es en sí misma patológica. La educación en la frustración desde la primera infancia resulta vital para construir un adulto con estrategias sólidas con las que poder enfrentarse a los retos de la vida. Un buen método para lograr esto es ayudar al niño a entender que él no es el centro del universo, que los deseos de los demás son tan legítimos como el suyo propio cuando quiere monopolizar un juguete. Una estrategia que, a su vez, impide educar la frustración sería la de los padres que evitan al niño enfrentarse con todas aquellas situaciones de insatisfacción, de forma que todos sus deseos e ilusiones son satisfechos. En este supuesto, los padres evitan las situaciones en las que tienen que decir no a su hijo. No ponen límites —de horarios, de conducta, de hábitos, de juegos— o dejan que sea el propio niño quien los ponga.

La consecuencia de todo ello no es sólo la de crear adultos consentidos, que no conocen más realidad que la de que la mera expresión de sus deseos es suficiente para ver cómo éstos se cumplen. La falta de aprendizaje de la frustración trae también consigo sujetos que aguantan, toleran, sufren y complacen en todo al otro; sujetos sumisos, en la creencia de que así el otro no les frustrará. El niño que ha tenido que mostrar su amor incondicional a uno de sus padres con el objetivo de enfrentarse al otro puede llegar a ser uno de estos adultos sumisos, que no saben decir no porque nunca se lo han permitido.

Si, ya de adulto, se cruza con una pareja dominante que se aproveche de su debilidad de personalidad, será una futura víctima.

El nivel de logro describe lo que un sujeto ha alcanzado o conseguido en relación con el uso y manejo de los conocimientos y habilidades esenciales que forman parte de una estructura de conocimientos. Para mejorar su nivel de logro, los sujetos necesitan desplegar esfuerzo y estar motivados. Todos hemos tenido que enfrentarnos a la frustración de quedarnos mirando por la ventana, en una soleada tarde de primavera, y no poder salir a la calle porque tenemos que terminar un trabajo o estudiar para el examen del día siguiente. Los límites que nos marcaron nuestros cuidadores han sido interiorizados por nosotros mediante la educación que recibimos, de suerte que ahora no tenemos la necesidad de que nadie nos los recuerde. Nuestro propio funcionamiento como sujetos los gestiona, marcando prioridades que hacen que, por más que deseemos pasear al sol, nos quedemos sentados ante nuestra mesa de trabajo.

La persona que tiene bien establecido este mecanismo conseguirá un nivel de logro superior al de aquellos que carezcan de él o lo tengan más débil. Alcanzará mayores cotas en el ámbito intelectual y profesional y, por tanto, tendrá más calidad de vida. Por el contrario, aquellos cuyo nivel de logro, de autoexigencia, sea bajo obtendrán resultados menores, menos oportunidades profesionales o académicas, y, a la larga, podrían llegar a tener mayor insatisfacción con su vida.

Finalmente, otro de los aprendizajes que como sociedad más nos interesa es la construcción que de las relaciones con otros y con las instituciones adquieren los niños en una experiencia de este tipo. En el plano de las relaciones sociales, aprenden que la manipulación, la coacción y la violencia forman parte legítima de las relaciones interpersonales. Y en el plano social, están aprendiendo valores como «la manipulación es una respuesta válida para conseguir el fin que deseas», «la violencia sirve», «los demás te sirven», «te puedes burlar de la justicia» o «tú eres lo primero».

II

LA CUSTODIA

6

Antes de la ruptura

La decisión sobre la forma de educar, cuidar y socializar a los hijos tras la ruptura constituye la piedra angular del divorcio. La disolución de la pareja se ha asimilado con la desaparición de la familia, confundiendo de esta manera el fin de la convivencia en el mismo domicilio con la destrucción de los vínculos emocionales. Las parejas se rompen, pero las familias perduran. Para el hijo de una pareja rota su padre y su madre siempre serán su familia, con independencia de que no vivan juntos, de que vuelvan a establecer una pareja o de que tengan con ella otros hijos. La decisión sobre la custodia será, por tanto, la principal decisión para los miembros de la pareja que se divorcia.

La familia se considera el mejor entorno para el desarrollo del individuo. Independientemente de la cultura de origen, las distintas formas familiares se valoran como la organización humana más adecuada para que, en su seno, el recién nacido adquiera los recursos y capacidades que le permitirán alcanzar la edad adulta con garantías de éxito. De hecho, durante los primeros tres años de vida del niño la familia será prácticamente su única referencia. A partir de esa edad, nuevos entornos sociales —guardería, colegio, amigos, etcétera— van a ir enriqueciendo su mundo, aportando su particular contribución y ampliando la visión del entorno que el niño debe adquirir progresivamente.

Un análisis superficial ha calificado a la familia como organización que cubre las necesidades de alimento y protección al menor. Desde esta perspectiva, en muchas ocasiones se ha especulado con la posibilidad de sustituir a la familia por cualquier otro entorno que, cubriendo las mismas necesidades, pudiera llevar a cabo la misma tarea. Sin embargo, la función de esta organización humana va mucho más allá de garantizar las necesidades básicas de los niños. Los vínculos emocionales y sociales que en ella se establecen deben ser considerados necesidades básicas en el desarrollo de los menores al mismo nivel de importancia que la alimentación y la protección.

Al final del primer año de vida, los niños se encuentran vinculados emocionalmente a sus figuras de cuidado —padre y madre—, figuras significativas y con las que interactúan no exclusivamente en función de que cubran sus necesidades básicas, sino también en el deseo de satisfacción de sus anhelos afectivos. Es decir, la función de la familia va mucho más allá de la garantía de la supervivencia, y constituye el marco básico para cubrir el desarrollo físico, social y emocional del individuo.

El apego es el lazo emocional duradero y especial que los menores desarrollan con sus cuidadores. Esta vinculación hace que el niño exprese conductas de proximidad física y contacto hacia sus figuras de apego, que se convertirán en el punto inicial a partir del cual el niño explorará el entorno, conocerá a nuevas figuras significativas

120

—abuelos o compañeros de aula—, en una tarea continua, dirigida a ampliar el conocimiento del mundo que le rodea. La psicología ha llamado a esta forma de interacción *apego seguro*.

La tradición del siglo xx ha considerado que los niños establecían un mayor apego con la figura materna. Inicialmente por la lactancia y luego por su mayor presencia en el hogar, la madre ha sido considerada la principal figura de apego para los menores. No obstante, las investigaciones llevadas a cabo a partir de los años sesenta y muy especialmente a partir de los setenta han establecido de forma científica que, desde los primeros meses de vida, los bebés desarrollan este vínculo emocional tanto con la madre como con el padre. Pero las investigaciones no quedan ahí. Por un lado, se han estudiado los vínculos que van creando los menores y se observa que las funciones y calidad de los lazos que el recién nacido establece con ambos cuidadores son similares. Por otro lado también se ha estudiado a los adultos, llegando a la conclusión de que los padres pueden ser igual de sensibles y desplegar las mismas habilidades y aptitudes ante las necesidades de sus hijos que las madres.

Los lazos emocionales de los hijos

A partir del mundo conocido que le aporta su entorno inmediato y apoyado en los seguros lazos emocionales que le ofrecen sus progenitores, el niño comienza la aventura de recorrer e indagar todo lo que le rodea, incluidos los individuos con los que entra en contacto.

De las vinculaciones afectivas primarias formadas en la primera infancia, el menor pasa a establecer relaciones emocionales íntimas durante toda su vida adulta. Dado que las primeras constituyen la base en la que se apoyan y desarrollan las posteriores, es fácil comprender que, de la calidad de aquéllas, se derivará la naturaleza de las que sucesivamente establezca en el futuro.

Las relaciones afectivas infantiles construyen la confianza del sujeto en sí mismo, aportándole seguridad y apuntalando su autoestima. De esta forma, cuanto más firme, seguro y elaborado sea el vínculo emocional que el niño establezca con el adulto que lo cuida, más posibilidades existen de que, cuando crezca, sea un adulto equilibrado, autónomo y seguro. Para entender la importancia de la conducta de apego en el desarrollo del sujeto, baste con decir que escapa a las leyes generales del aprendizaje en varios puntos. En primer lugar, existe un periodo sensible en el niño para establecer el apego, mientras que el resto de conductas humanas pueden ser aprendidas en diversos momentos de la historia del sujeto. El momento de elaborar el apego lo es todo. Durante los tres primeros años de vida, el sistema nervioso central del ser humano desarrolla el 90 por ciento de su tamaño, ubicando la mayor parte de las estructuras que serán responsables de su funcionamiento futuro. El periodo crítico para establecer esta especial vinculación se sitúa en torno al primer año de vida. Si no se aprovecha este tiempo, la consecuencia suele ser una vinculación defectuosa con sus figuras significativas. En segundo lugar, el apego no necesita la presencia del refuerzo para establecerse, mientras que cualquier otra conducta humana sí lo requiere. La recompensa por haber llevado a cabo una determinada tarea, o el castigo por no haberla realizado, son principios de educación que no requieren explicación para cualquier adulto. Y, en tercer lugar, pese a la ausencia de refuerzo se resiste a la extinción, cuando para el resto de conductas humanas que no se refuerzan disminuye la probabilidad de que vuelvan a presentarse.

Las experiencias para construir el apego son todas aquellas que hacen que el adulto y el niño entren en contacto (acariciarle, alimentarle, hablarle, etcétera). Es decir, el contacto visual y físico es básico para la construcción del apego. De hecho, coger en brazos al niño, sonreírle o hablarle produce una actividad neuroquímica que afecta a la construcción de un sistema cerebral en plena formación. Por tanto, lo que construye los vínculos emocionales es la interacción en la cotidianeidad, la implicación en cada momento del día del padre o de la madre.

LA RUPTURA DE LOS VÍNCULOS

Las parejas que se divorcian suelen tener hijos menores de 12 años, y, en mayor porcentaje, por debajo de seis. Esta edad es una etapa vital muy sensible en los menores, ya que todavía no se han establecido o están poco consolidados muchos de los aprendizajes emocionales básicos para el buen desarrollo del sujeto. En el divorcio ha tenido una extraña prioridad la preocupación por la estabilidad física del niño, entendiendo por tal aquellos aspectos de cuidado y atención que implican la alimentación, la vivienda y la salud física. Sin embargo, desde el ámbito legal se ha potenciado muy poco la protección de la estabilidad afectiva y emocional del menor. Incluso desde el campo de la psicología forense se ha luchado escasamente por dar su verdadera importancia a este aspecto del desarrollo infantil, a pesar de que la literatura especializada lo reclamaba con insistencia, teniendo en cuenta que, en su definición, el apego incluye que la pérdida, o amenaza de pérdida, de las figuras relevantes para el niño produce irremediablemente angustia.

En las últimas décadas del siglo pasado, los investigadores han querido estudiar otros tipos de apego diferentes al apego seguro que hemos venido describiendo. De esta forma, a su descripción se han sumado la del apego evitativo, el ambivalente y el desorganizado. El *apego evitativo* define a un niño que, antes de cumplir un año de edad, muestra poca angustia por la separación de sus figuras de cuidado, ignora al progenitor cuando se encuentra presente y se aleja de él cuando le reclama. La impresión que ofrece el niño es de independencia. Explora el entorno en ausencia de la figura de apego y le resulta fácil el contacto con extraños. El *apego ambivalente*, por su parte, define a un niño que se angustia de forma extrema con la separación de la figura de cuidado, se mantiene muy cerca de ella y explora poco su entorno. Aunque busca consuelo y protección en ella, se abraza y la rechaza de igual forma. Finalmente, el niño con *apego desorganizado* presenta comportamientos confusos cuando la figura de referencia se acerca. Como en el caso anterior, se angustia mucho ante la separación pero no expresa claramente una búsqueda de estrategias conductuales que le protejan ante la ansiedad. El niño actúa confundido, acercándose y evitando, al tiempo, el contacto que necesita pero que también parece temer.

Las anomalías en el apego se han relacionado con la depresión, el consumo de drogas, el establecimiento de vínculos afectivos disfuncionales en la edad adulta, problemas escolares, baja tolerancia a la frustración, comportamiento no contingente, déficit en habilidades sociales y trastornos por ansiedad.

7

Consecuencias del divorcio en los hijos

Tras décadas de investigación, la psicología tiene evidencias suficientes como para afirmar que el divorcio genera a corto y largo plazo consecuencias claras y muy concretas en el desarrollo de los hijos de la pareja rota. Aun cuando, debido a la inmensa cantidad de factores implicados, el impacto difiera mucho de uno a otro menor, la psicología coincide plenamente en que, tras el divorcio, los hijos se ven afectados por las alteraciones que implica la nueva situación en cuanto al ejercicio parental. Los padres tienen que reorganizar su vida en todos los aspectos, desde el puramente económico, al social, laboral y el emocional, y los niños ven cómo su natural deseo de mantener el vínculo emocional más estrecho posible con ambos se ve afectado por las limitaciones judiciales, espaciales, temporales y afectivas que la nueva realidad familiar impone.

Del conjunto de variables que se ven alteradas, los dos elementos básicos que, a la hora de salvaguardar el interés de los menores, deben ser tenidos en cuenta en el divorcio son la vivencia de la pérdida que los hijos elaboran y la percepción del conflicto entre sus progenitores. Las decisiones que sobre la custodia se tomen en el divorcio deben ir dirigidas a paliar al máximo la presencia de ambos elementos en la vida de los niños.

LA AUSENCIA DE UNO DE LOS PROGENITORES

La ausencia de uno de los progenitores tiene consecuencias directas muy amplias en la vida de los hijos, pero también, de forma indirecta, tiene otras motivadas por el exceso de demanda que constituye la custodia monoparental para la madre o el padre que queda al cuidado de los menores. Al no compartir ya el cuidado diario de los menores con el otro progenitor, el que asume la custodia tiene que compatibilizar en solitario trabajo, labores domésticas y atención a los hijos, por lo que acaba disfrutando de menos tiempo para dedicarles y su nivel de estrés aumenta, al tiempo que disminuye proporcionalmente la calidad en el cuidado.

La ausencia de una de las figuras parentales conllevará la desaparición de una figura de autoridad, así como la eliminación de uno de esos vínculos emocionales básicos sobre los que los niños construirán de adultos sus propios lazos emocionales. La investigación psicológica ha descubierto que estas variables son un buen predictor de insuficiente rendimiento escolar, expresión de conductas inadecuadas e internalización de problemas emocionales. Los varones parecen tener mayores dificultades a la hora de superar la situación de divorcio. Los niños, en efecto, muestran más problemas de comportamiento, irritabilidad y de ritmo académico que las niñas, sufriendo estos problemas comparativamente más que ellas, con mayor intensidad y en una proporción temporal superior. Puede que esta situación se encuentre directamente relacionada con la menor tendencia de los varones a expresar sus sentimientos abiertamente en comparación con las niñas.

La aparición de otros problemas a largo plazo es una consecuencia lógica de todo lo anterior. Los chicos cuya formación se ha resentido obtienen niveles de empleo más bajos, mientras que en las chicas aumenta la probabilidad de embarazos en la adolescencia y primera juventud.

El momento del divorcio es fundamental para entender las consecuencias en los menores. Como regla general podemos decir que cuanto más pequeños sean los hijos, más afectados se verán por la desaparición de una de sus figuras de cuidado y por las consecuencias que la ruptura comporta para el otro cuidador. Hasta los 3 años de vida, el mundo del niño se centra básicamente en su núcleo familiar inmediato, de manera que cualquier variable que lo desestabilice o altere conllevará serias consecuencias en su desarrollo. Por debajo de los 6 años, los hijos reaccionan con miedo, tristeza, angustia y sensación de pérdida, independientemente de si los padres son afectuosos o se muestran distantes. Estos sentimientos pueden perdurar durante años, hasta la edad adulta. Debemos entender que, a estas edades, los niños carecen aún de ciertas habilidades cognitivas, por lo que les resulta casi imposible tranquilizarse a sí mismos, racionalizar la situación y entender que es temporal, que el conflicto que perciben entre sus padres no durará siempre. El surgimiento de ideas de abandono y el temor a no volver a ver jamás a uno de sus progenitores es muy frecuente.

Como consecuencia de ello es habitual la aparición del llanto desconsolado, la necesidad extrema de no separarse de la figura de cuidado que les queda y la presencia de conductas regresivas ya superadas en la alimentación, sueño y control de esfínteres.

El enfrentamiento de los padres

Es habitual que, llegado el momento del divorcio, las parejas planteen diversas preguntas al psicólogo: ¿cómo tenemos que decírselo?, ¿se lo comentamos cada uno por nuestro lado o los dos juntos?, ¿es bueno que nos vea juntos luego?, ¿reunimos a todos los hermanos a la vez o se lo decimos por separado?, ¿qué consecuencias les traerá? Las parejas se preocupan por sus hijos, buscan orientación en el profesional y desean hacerlo lo mejor posible. Sin embargo, la sorpresa se instala en sus rostros cuando les comunico que el proceso de divorcio ya ha estado afectando a sus hijos desde el mismo momento en el que comenzaron a percibir sus diferencias. Muchos padres me aseguran entonces que jamás se han peleado delante de sus hijos y que se han preocupado mucho de que los niños no fueran testigos de sus desavenencias, a lo que yo les respondo que eso no es imprescindible para que perciban la tensión entre sus progenitores.

Algunas de las variables más importantes a tener en cuenta aquí son cómo valoran la situación que contemplan y las creencias que hayan elaborado sobre su propia capacidad para influir en el enfrentamiento. Si los niños piensan que ellos pueden mejorar la situación, tenderán a intervenir en el conflicto adulto, con consecuencias negativas claras para sí mismos y para el propio funcionamiento familiar cuando comprendan que el esfuerzo es inútil.

La familia es una organización en la que se establecen múltiples influencias: los sujetos influyen y se ven influidos por el comportamiento del resto de los miembros. Cuando surge el conflicto entre los padres, la tensión vivida, aun sin estar ellos presentes, afecta a los hijos de forma tanto directa como indirecta. Los padres tienen menos ganas de jugar tras la discusión, pueden decidir delegar el cuidado o, sencillamente, ausentarse del domicilio; por su lado, las madres, angustiadas por el momento vivido, pueden expresar su frustración por la situación utilizando un lenguaje violento o encerrándose en su habitación tras dar un portazo. Los niños no han escuchado o no han estado presentes en la discusión, pero, lógicamente, perciben que en las próximas horas recibirán menos atención y cuidado. Al sentirse desatendidos, puede que inicien conductas para llamar la atención de sus padres, demandando cuidados y afecto que seguramente no serán satisfechos de la forma más conveniente.

Otra forma de afectación indirecta por el conflicto de los padres se produce a través del aprendizaje. Los hijos interiorizan la forma de solucionar los problemas, buena o mala, que ven en sus padres. Aprenden sus estrategias, sus modos y comportamientos. El menor que contempla conductas agresivas tiende a utilizarlas casi inmediatamente con sus compañeros de clase aunque esto no quiere decir que la mera presencia de conductas agresivas tenga su origen en la presencia de dichos comportamientos en su hogar. La angustia y el temor que le producen la percepción del conflicto entre sus padres en el hogar pueden hacer surgir también estas conductas en el niño, como reflejo de la frustración que arrastra debido al inadecuado clima de convivencia doméstico.

Sea el conflicto abierto —aquel que ha sido presenciado por los niños— o cerrado —en el que los niños no están presentes—, sus consecuencias en los menores deben ser tenidas en consideración. De igual forma que en el caso de la pérdida de uno de los progenitores, los factores sexuales actúan también aquí de forma diferencial. Las niñas tienen una mayor tendencia a culparse de los conflictos entre sus padres, mientras que los varones no suelen implicarse tanto, al menos aparentemente.

Los estudios que han recogido el testimonio de los hijos de padres divorciados una vez que han llegado a ser adultos, nos dan mucha información sobre las consecuencias a largo plazo del conflicto que vivieron de pequeños. Los adultos que de niños vivieron el divorcio de sus padres presentaban puntuaciones superiores en conflictos dentro de su propia pareja, e inferiores en habilidades sociales con respecto a sus iguales que se habían criado en familias intactas. Asimismo, se ha documentado la presencia de mayores niveles de ansiedad, problemas de relaciones con el otro sexo y menor autoestima.

Alianzas patológicas dentro de la familia

Uno de los problemas más comunes que podemos encontrar en las familias en conflicto es el surgimiento de alianzas entre distintos miembros del sistema. Puede ocurrir que los niños se alíen con uno de los progenitores, mientras que el otro progenitor se ve enfrentado a ellos. También puede ocurrir que unos niños se unan al padre, mientras otros hacen piña con la madre.

Ante el conflicto paterno, muchos hijos son empujados a tomar partido por uno de los bandos. En otras ocasiones se les utiliza de correos. El caso más grave es cuando se les utiliza como rehenes por parte de uno de los padres, que no les permite ver al otro progenitor. Según distintos autores, estas circunstancias se producen, aproximadamente, en un tercio de las separaciones contenciosas. Los niños implicados observan y analizan el grado de amenaza que constituye en estas situaciones para sí mismos, y, tras ello, obran en consecuencia. Si consideran que uno de los progenitores es el culpable de lo que ocurre actúan en consonancia. Si valoran que ellos pueden tener un papel relevante para solucionar de algún modo la situación también se implicarán. Sea como fuere, se ven atrapados en un problema de adultos que a ellos no les compete y que, por su mera participación, les obliga a tomar partido entre las dos figuras que más necesitan.

Cuando Silvia despide a sus hijos los acompaña hasta la puerta de casa. Apoyado en el coche les espera Luis, su ex pareja y padre de los niños. La escena siempre es la misma y todos saben qué papel van a adoptar. Su madre les abraza como no hace el resto de la semana, les mira a la cara, con rostro angustiado, y les asegura que no ocurre nada, que pronto estarán de vuelta. Luego mete el teléfono móvil en el bolsillo de su hijo mayor, y le vuelve a repetir que si tienen cualquier problema la llamen inmediatamente. Los dos hermanos se miran y piensan que, por fortuna, al menos hoy no ha venido también la abuela.

Estas alianzas pueden verse secundadas desde el exterior por la familia extensa de uno de los progenitores. En estas ocasiones, los abuelos o tíos de los niños se suman al conflicto, inmiscuyéndose, apoyando a uno de los bandos y, por tanto, extendiendo el problema a otros escenarios ajenos al hogar.

8

¿CÓMO DECIRLES A LOS NIÑOS
QUE NOS DIVORCIAMOS?

Una vez que ambos progenitores deciden que la ruptura de la pareja es la única salida posible, llega el momento de comunicárselo a los hijos. La primera recomendación es hacer entender a la pareja que esto es tarea de ambos, y no puede ser responsabilidad de uno mientras el otro espera fuera de la habitación. Los niños deben ver claramente que es una decisión que ambos progenitores conocen y asumen. Si no ocurriera así, podrían construirse la imagen de que la iniciativa —y con ello la posible culpa— es de uno de los miembros.

Las expresiones para formularlo deben acordarse previamente: la pareja debe decidir qué decir y qué no. De igual forma, se ha de elegir un momento en el que la ira, la frustración o el deseo de venganza no muevan la voluntad de los adultos. Llegada la hora, los padres deben hablar por turno, reforzando el mensaje que el otro acaba de dar, aclarando puntos y siempre en un tono calmado y ausente de emociones que puedan condicionar al menor. Jamás se deben incluir frases como «tu madre quiere que nos divorciemos» o «tu padre ha decidido irse a vivir con otra». Debemos usar el nosotros: «Papá y mamá han decidido que es mejor que vivamos en dos casas».

El momento elegido no debe tener una duración determinada. Algunos niños se quedan mudos y, tras escuchar atentamente a sus padres, se encogen de hombros y preguntan si se pueden ir ya a jugar. Otros inician un torrente de preguntas que hay que contestar. Si se plantean qué se debe contar, con qué profundidad o detalle, la recomendación es muy clara: el niño marca el ritmo. Unos querrán saber más; otros irán preguntando más adelante, tal vez luego en la cena, mientras ven su programa de televisión favorito, o pasados dos días, cuando les recojan del colegio. Es en ese momento que ellos escogen en el que hay que satisfacer su curiosidad o inquietudes.

Nunca se debe mentir, y el niño ha de ser informado con un lenguaje adecuado a su edad. Es falso que los niños no se den cuenta o sean demasiado pequeños para entenderlo. Por supuesto, no logran percibir el motivo de la ruptura, pero sí entienden que algo ha cambiado. Si no se aclara por qué, si no se explica la ausencia repentina de uno de los progenitores, el menor sufrirá innecesariamente. Cuanto más se esfuercen los adultos por convertir la ruptura en algo excepcional o vergonzoso, de forma menos natural y más forzada lo vivirán los pequeños. Es importante que los padres entiendan que cuando un niño no conoce una respuesta, o tiene vacíos en los hechos, recurre a su imaginación. Los padres pueden controlar lo que les comunican, pero nunca sus fantasías. Imaginen por un momento que la partida del que se va de la casa se produce justo el día en que al niño le castigan por haberse portado mal. Él puede relacionar ambos hechos y llegar a creer que tiene la culpa de esa partida.

El adulto se siente más cómodo no contando la verdad a su hijo; sin embargo, debe reflexionar sobre las consecuencias de esto a largo plazo. La mentira sólo sirve para posponer lo inevitable, y también puede provocar una reacción adversa hacia el adulto, que verá cómo su palabra es puesta en tela de juicio cuando se descubra el engaño. Aceptar la nueva realidad cuanto antes y crear una normalidad y rutina nueva es el camino más rápido para superar la situación.

Consejos para decirles a los hijos que nos divorciamos	¿Qué debemos preguntarnos?
Comunicarlo una vez sea definitiva la decisión.	¿Es una decisión firme? ¿Lo hemos meditado suficientemente?
Comunicar juntos la decisión.	¿Qué vamos a contar al niño? ¿Quién empieza?
Llegar a un acuerdo en lo que vamos a decir.	¿Estamos de acuerdo en qué vamos a contar? ¿Qué no vamos a decir?
No transmitir mensajes de culpa o responsabilidad individual.	¿Esto es una decisión de los dos?
No contar más de lo necesario.	¿Qué busco si le cuento esto? ¿En qué le va a ayudar a mi hijo?
Dejar claro que no hay vuelta atrás.	¿Se ha dado cuenta de que es definitivo?

Es conveniente que transcurra algún tiempo entre el momento de comunicar la noticia y la fecha en que se lleve a cabo la separación física. Si han pasado unos días, el niño tiene la oportunidad de hacerse a la idea y de entender que la ausencia estaba anunciada; también ha tenido ocasión de preguntar a ambos progenitores cuanto ha querido y comprender lo que está pasando.

El niño debe conocer los hechos, no tiene por qué conocer las razones. A ningún niño le importa si sus padres se han sido infieles. Lo que necesitan saber es que no van a vivir juntos y lo otro no tiene nada que ver con ellos. Cuando uno de los progenitores comenta que su hijo tiene que «saber toda la verdad sobre lo que ha ocurrido», lo habitual es que se esté refiriendo a «su verdad»; si preguntáramos al otro progenitor, seguramente también podría aportar «su otra verdad». Por este camino se llega a expresiones tan inconvenientes como «papá ha decidido acabar con la familia» o «mamá ha dejado de quererme». Si se encuentran en esta situación, es básico que el individuo se plantee la siguiente pregunta: ¿qué busco con la información que le doy a mi hijo? Si la respuesta no hace referencia a los intereses del niño, es mejor que analice un poco sus verdaderos motivos.

Los padres deben transmitir que su decisión es definitiva. No se debe dejar un rincón a la duda o a la posibilidad de reconciliación. Muchos niños, incluso años después del divorcio de sus padres, fantasean con esta idea. La coherencia que muestren los padres, basada en actos que revelen al niño lo decidido de su postura, junto con el diálogo y la respuesta a todas sus dudas, contribuirá decisivamente a superar este problema.

Tras comunicar la decisión de vivir separados, es conveniente que aclaren dónde va a vivir el niño y en qué condiciones y momentos va a tener relación con el progenitor que se ausente. Los padres deben preocuparse de que el niño no elabore una idea de pérdida. El niño tiene que entender que puede acceder al otro progenitor con facilidad y por canales que le resulten asequibles. Un ejercicio fácil para los padres es lograr que, si antes era papá el que le llevaba siempre a natación, tras el divorcio siga ocurriendo lo mismo. De todo cuanto aquí podamos decir, el esfuerzo que los padres hagan en este sentido puede ser la mayor contribución para lograr el bienestar de sus hijos tras la ruptura.

Frases inadecuadas	Frases correctas
«Tu madre quiere que nos divorciemos»	«Hemos pensado que será mejor vivir en dos casas»
«Debes saber toda la verdad»	«Papá y mamá tienen un problema, pero a ti te queremos mucho»
«Tu padre me ha dejado tirada»	«Los papás hemos discutido, pero tú no tienes nada que ver»

Una vez haya pasado el momento inicial es importante que los padres pregunten a sus hijos cómo se sienten, qué piensan o si temen algo. «¿Cómo crees que va a afectarte esto?», «¿tienes algo que preguntarnos?» o «¿cómo te sientes?», son frases todas ellas que pueden dar buena información a los padres acerca de la forma en que sus hijos han encajado la noticia.

Es fácil caer en la tentación del chantaje emocional y el victimismo. Frases como «No te preocupes, ya verás como salimos los dos de ésta» o «Menos mal que te tengo a ti» dirigidas a un niño pequeño, no hacen sino trasladar una presión emocional a un sujeto que es incapaz de afrontarla. En esos momentos, vigilar nuestras expresiones emocionales es algo básico. No podemos ser tan ingenuos como para pensar que en los instantes de tensión no se van a escapar comentarios de todo punto inadecuados. Cuestión diferente es que se conviertan en costumbre. Si uno de los padres necesita apoyo emocional debe recurrir a su familia, amigos o a la ayuda profesional que los psicólogos o consejeros prestan. Usar a los hijos de paño de lágrimas, haciéndoles sentir nuestra soledad o frustración, es el camino directo a introducirlos en nuestro dolor.

Respuesta emocional del niño según su edad

Los padres se darán cuenta de que las respuestas emocionales de sus hijos van a ser muy diferentes en función de la edad que éstos tengan. Hasta los 5 años, los niños ven a su familia como un todo, algo imposible de dividir. Sin perder de vista los consejos arriba indicados, los padres deben esforzarse en transmitir mensajes cortos, claros y sin muchos detalles. Sus energías deben dirigirse a exponer a su hijo, de forma lo más clara posible, dónde va a encontrar al padre que sale del hogar y cómo puede acceder a él, y que la decisión de separarse no implica nada que tenga que ver con quererle menos o dejar de hacer las cosas que hasta ese momento compartían. Es especialmente importante que los padres eliminen en el niño cualquier idea de culpa o responsabilidad en la decisión.

Entre los 5 y los 9 años los niños piden muchas más explicaciones. Ya saben para qué sirve el divorcio y conocen muchas de sus implicaciones. Se debe ser claro a la hora de exponer qué va a ocurrir a partir de ese momento en el hogar y, especialmente, cómo les va a afectar a ellos. El niño tiene que comprender cómo se van a desenvolver los acontecimientos cotidianos a partir de ese momento, quién le llevará al fútbol o le recogerá del colegio. Es conveniente que los padres pongan un calendario grande en la cocina o en su habitación y que, con rotuladores fluorescentes, hagan que el niño marque los días que va a estar con un progenitor u otro. Si surge alguna duda el adulto le puede llevar delante de él y aclarársela.

Alba tiene problemas para entender cuándo va a ver a papá. Sabe que su abuela materna la recoge todos los días del colegio, pero se pone inquieta cuando piensa que, un día a la semana, es la abuela paterna la que está esperándola en la puerta. Marta y Antonio deciden poner un calendario en la cocina. De esta forma Alba puede consultar qué día de la semana es y estar segura de quién la recogerá en el colegio.

Lo que más debe preocupar a los padres es eliminar cualquier situación en la que los niños de este tramo de edad puedan elaborar temor a expresar los sentimientos de afecto que tienen por uno de sus padres delante del otro. Si el niño siente que su madre está incómoda cuando le cuenta lo bien que se lo ha pasado con papá y su nueva pareja, tenderá a hacer dos mundos incomunicados, en donde lo que ocurra con papá nunca será comentado con mamá y al revés. Los niños ya han aprendido que sus sentimientos tienen consecuencias en sus padres, por lo que éstos deben poner el mayor empeño en no coartar su libertad a la hora de expresarlos.

A partir de los 9 años y hasta la adolescencia, se construyen los conceptos de culpa, bueno y malo, responsabilidad y causa, convirtiéndose en muy relevantes en el mensaje. Puede que a estas edades reclamen a sus padres conocer el origen de la ruptura, o saber quién ha sido el que ha llevado la iniciativa. Los padres no deben entrar en este juego; por mucho que lo parezca, la presunta madurez de los hijos no es tal. Los cambios biológicos, el desarrollo de la identidad sexual y su necesidad de identificarse con el progenitor de su mismo sexo son muy importantes. Los padres deben cubrir su necesidad de tener contacto amplio con ambas figuras si quieren no interferir en su desarrollo madurativo. El régimen de visitas debe ser flexible, con objeto de que permita a los hijos desenvolverse con naturalidad, buscando el tiempo que requieren para entrar en contacto con ellos y con su grupo de amigos, que cada vez se hará más importante.

Entre los 12 y los 17 años los menores alcanzan un conocimiento muy amplio de la profundidad de los mensajes que reciben y emiten. Muchos se sienten aliviados porque ya no ven sufrir a sus padres, y entienden la necesidad que tienen de buscar otra pareja sin despreciar la relación pasada con su otro progenitor. A partir de este momento, el tiempo que están con cada uno de sus progenitores y sus propios compromisos sociales comenzarán a entrar en conflicto. Los padres deben responder con flexibilidad, si no quieren entrar en un enfrentamiento directo con los hijos. Conforme se hacen mayores comprenden que la personalidad de cada uno es diferente y que en muchas ocasiones se tornan incompatibles, siendo esto la causa real de la ruptura.

PROBLEMAS HABITUALES QUE PRESENTAN LOS NIÑOS

Como ocurría en el caso anterior, según la edad del menor podemos encontrarnos con unos problemas u otros. Esto no quiere decir que obligatoriamente vayan a presentarse, pero es importante que los padres estén alerta ante la posible aparición de dificultades en el niño, con el objeto de intervenir cuanto antes en su resolución.

Hasta los 5 años es habitual que los niños presenten, tras la ruptura de la pareja, conductas regresivas, es decir, comportamientos que ya habían superado y que vuelven a presentarse. Pueden volver a orinarse mientras duermen —enuresis secundaria— o coger el chupete del hermano pequeño. Los miedos, especialmente las pesadillas, los comportamientos agresivos con los que les rodean y un aumento en la demanda de atención suelen ser los problemas más comunes, acompañados con la expresión de un mayor número de conductas afectivas hacia sus padres. Las fantasías negativas y catastrofistas, la inhibición en el juego o la manifestación de frases en las que expresan su responsabilidad en la ruptura suelen ser menos frecuentes, pero también propias de esta edad. En los casos más graves, cuando el conflicto adulto es profundo y está presente con mucha intensidad, aparecen las somatizaciones. Los pediatras han registrado crisis de ansiedad, dolores abdominales y de cabeza, diarreas, alteración del ritmo del sueño y de la ingesta y agudización de los cuadros asmáticos.

De los 5 a los 9 años los niños pueden sentirse tristes y apesadumbrados por no tener cerca al otro progenitor, con lo que a veces presentan conductas agresivas y retadoras hacia el progenitor custodio. En muchas ocasiones los padres observan que en los primeros momentos, tras recogerlo en casa del otro progenitor, los niños se muestran cohibidos, secos e incluso bruscos con ellos. Tras unos minutos esto desaparece. No debe tenerse en cuenta esta conducta, excepto si va agudizándose conforme van pasando las semanas, ya que puede ser un indicador de la presencia de acoso psicológico en el niño por parte del otro progenitor, lo que comentaremos más adelante de forma específica.

Los padres pueden pensar que su hijo sufre cuando está con el otro progenitor, e incluso que vive con angustia el tiempo que con él comparte. Esto no suele ser habitual y puede corresponder más a la percepción del adulto que a una vivencia real del menor. Sin embargo, también puede indicar la necesidad del niño de responder emocionalmente al progenitor, en función de lo que espera de él. De esta forma, algunos niños pueden sentirse afligidos por no estar con el otro progenitor pero, excepto en los casos en los que el régimen de visitas es muy breve, esto suele responder más a un deseo del niño de complacer al adulto, haciéndole creer que con él está mejor, que a la realidad de los hechos.

Entre los 9 y hasta los 12 años los niños comienzan a tener recursos para elaborar estrategias con las que eludir o defenderse de las consecuencias negativas. El juego, la actividad física y la generación de alianzas con una de las figuras parentales suelen ser estrategias comunes para tal fin. La presencia de ansiedad, irritabilidad, inquietud motora y las somatizaciones son las consecuencias más comunes. Si el conflicto familiar se agudiza puede tener consecuencias en el aislamiento social y en el rendimiento académico de los menores.

El hijo de Luis y Silvia comenzó a presentar problemas de comportamiento en clase, que se agudizaron cuando el niño cumplió los catorce años. Su rendimiento bajó y comenzó a fumar y a insultar a su madre en casa. El psicólogo del colegio les recomendó que no permitieran más que el muchacho asumiera el papel de protector de su hermana pequeña y de apoyo de la madre. La sobrecarga emocional que arrastraba debía eliminarse apartando al hijo de los problemas diarios, lo que consiguieron dejando de hablar de sus conflictos y frustraciones delante de él y procurando que disfrutara de más tiempo a solas en actividades deportivas extraescolares.

A partir de los 12 años, el cambio en los intereses y preocupaciones de los hijos hace que éstos presten mucha menos atención al problema de sus padres. El sexo, los amigos, la identidad personal y la exploración de sus propios intereses ocupan ahora un primer plano. Si se ven muy implicados en la realidad familiar, pueden tomar como estrategia aislarse de ella. Emocionalmente pueden mostrarse tristes, apáticos o ansiosos, por lo que las conductas agresivas y de enfrentamiento con los padres, especialmente con aquel que sienten más lejano, se vuelven frecuentes. Al ser capaces de razonar los motivos, y aumentar su autonomía a la hora de valorar las verdaderas causas de las situaciones familiares a las que se enfrentan, pueden presentar cambios de humor muy extremos, y su frustración daría rienda suelta a conductas que buscan marcar los límites a las injerencias externas que perciben.

Como vemos, a cualquier edad que se plantee la ruptura ésta puede generar consecuencias en los niños. Evolutivamente hablando no existe un «momento mejor» para divorciarse. Todas las edades pueden presentar problemas surgidos como reacción al profundo cambio familiar que se está produciendo. Por tanto, mientras la psicología no encuentre respuesta al cuándo, el consejo es que nuestra preocupación debe dirigirse hacia el cómo se está produciendo el divorcio, en tanto que variable más relevante para salvaguardar los intereses de los menores.

Tras el divorcio, podemos encontrar una gran variedad de reacciones en el niño. Con frecuencia los padres le indican al profesional que su hijo es «muy maduro para su edad». Desde su punto de vista, están convencidos de que entiende la situación por encima de lo que lo haría cualquier otro niño de su grupo. Esto provoca que lleguen incluso a explicarle detalles innecesarios, que, en el fondo, buscan culpabilizar al otro progenitor de la situación o a justificarse en las decisiones que desembocaron en la ruptura de la pareja.

El miedo a ser abandonados es muy frecuente, especialmente en una edad temprana. Empujados por ello, los niños desarrollan conductas de vigilancia del progenitor con el que conviven, no permitiendo que se separe de él en ningún momento y reclamándole atención constante. Ante esta situación, los padres deben favorecer que el niño exprese sus temores para, a continuación, mostrarles claramente que están infundados. Ante todo los adultos deben tranquilizar al niño, y luego confirmarle que tiene asegurado el cariño y el cuidado de los dos. En la mente infantil puede generarse el razonamiento de que, si sus padres han dejado de quererse, también pueden dejar de quererle a él. Es muy recomendable que los padres expliquen a sus hijos que las relaciones de la pareja son muy distintas a la relación parental.

Irene nunca se acostumbró a la ausencia de su padre. Su madre intentó calmarla, pero la niña sólo lograba dormirse si le dejaban llamar a su padre. Roberto, preocupado por la angustia creciente de su hija, aprovechó una noche para explicarle la diferencia entre el afecto que sentía por ella y el que sentía por su madre. «Mamá y yo somos amigos, pero a ti te queremos —le dijo su padre—. Tú a veces te peleas con tus amigas de clase. Entonces os dejáis de hablar, pero eso no es lo mismo que cuando mamá o yo te regañamos. Nosotros siempre volveremos a hablarnos y nunca nos separaremos de ti».

Una estrategia sencilla en ese momento consistiría en permitirle llamar o ir a ver al progenitor ausente, con lo que el niño entendería que le resulta factible ponerse en contacto con él si lo echa de menos. El grado de naturalidad que los padres adopten ante esta necesidad en el niño será determinante para superar el miedo. Si el niño teme comentar sus miedos a su progenitor, ocultará sus sentimientos y el padre tendrá más problemas para ayudarle.

La asunción por parte de muchos niños de responsabilidades que no son propias de su edad es otra reacción habitual. En ocasiones el menor asume cargas que corresponderían a un adulto, ocupándose, por ejemplo, de sus hermanos pequeños, o bien puede adjudicarse la obligación de ser el sostén emocional de uno de sus progenitores. El exceso de responsabilidades en el niño termina generando una sobrecarga que tiene un fuerte coste emocional. El adulto debe darse cuenta de que, si a él le resulta difícil superar la situación, aún le costará más a su hijo. En cuanto se perciban este tipo de reacciones en el niño, el adulto debe actuar, agradeciéndole su iniciativa, pero explicándole que aquello es tarea de los mayores.

Conducta del niño	Estrategia de los padres
«Mi hijo es muy maduro para su edad»	Apartar al niño del problema adulto. No dar más detalles de los necesarios.
«No me deja en ningún momento»	Dejar que exprese su temor a no ser querido y transmitir tranquilidad y seguridad en el afecto que ambos padres le profesan.
«Mi hijo tiene miedo de perderme»	Llevar a cabo estrategias para que el menor comprenda que le es fácil recurrir a sus padres en todo momento.
«Es muy responsable; me ha ayudado mucho en el divorcio»	No permitir que el niño lleve a cabo las tareas que deben ser del adulto. Buscar apoyo emocional en otros adultos.
«Mi hijo se queda triste cuando me voy»	Aumentar la frecuencia de contactos personales y telefónicos.
«Mi hijo se va triste a ver a su padre»	Mostrarle nuestra alegría cuando va a ver a su otro progenitor.

La tristeza y las expresiones de angustia son muy frecuentes. Se ha roto su mundo conocido. Uno de sus progenitores no se encuentra tan presente como antes, y es habitual que la añoranza provoque llanto en aquellos momentos —al irse a acostar, al hacer las tareas, bañarse, etcétera— que habitualmente compartían. La mejor estrategia es reducir al mínimo el intervalo de tiempo entre contactos. Las separaciones se valoran en función del tiempo que las personas tardarán en volver a reencontrarse. Si el niño sabe que en dos días va a volver a tener a su padre a la salida del colegio, su angustia terminará por desaparecer. Se sentirá seguro del vínculo y asumirá la nueva situación con total naturalidad.

Como hemos comentado en el epígrafe anterior, en muchas ocasiones los padres, al observar que el niño se marcha triste a ver a su otro progenitor, piensan que sufre con el alejamiento o que no quiere irse con él. Cuando se les interroga, los niños pueden justificar su conducta diciendo que se aburren con el otro o que se sienten tristes por dejarle a él solo. La actitud del progenitor debe ser siempre la de no transmitir sus propias emociones cuando su hijo se marcha para compartir el tiempo con el otro. Si el menor comienza a percibirlo, adoptará aquellas conductas que él considera que consuelan al progenitor que se queda sólo. Los padres deben entender que el niño necesita de la relación con ambos para su desarrollo armónico, sin que esto conlleve ningún pago emocional para sus sentimientos.

La culpa, al igual que las fantasías de reconciliación, es otra de las reacciones que puede presentar el niño. Especialmente por debajo de los 5 años, los niños pueden sorprender a sus padres preguntándoles si ha sido culpa suya el que «papá se haya ido de casa». Esta situación nos está indicando que no se dejó bien claro en las explicaciones que se le dieron que la ruptura no tenía nada que ver con él. Los padres deben volver a reunirse para hablar con el niño y aclararle las dudas cuanto antes.

FACTORES PSICOLÓGICOS QUE FAVORECEN UN BUEN DIVORCIO PARA LOS NIÑOS

A la hora de proteger a los menores en el divorcio, tradicionalmente se ha dado prioridad a las cuestiones materiales muy por encima de las necesidades emocionales. Aunque la estabilidad económica y académica sea importante, si buscamos realmente el superior interés del menor los factores de estabilidad emocional deben ser los prioritarios.

La primera estrategia es contemplar la necesidad que tiene el niño de mantener unas relaciones continuas y fluidas con ambas figuras parentales. Tanto la investigación científica como la experiencia cotidiana son claras en este aspecto: conforme más cubierta esté esta necesidad, superiores niveles de calidad de vida alcanzará el niño. En muchas ocasiones se confunde el hecho de que uno de los progenitores sea suficiente para cubrir las necesidades básicas del menor con la necesidad emocional que el niño tiene de vincularse con ambas figuras parentales. Dicha necesidad emocional se extiende también a los abuelos, tíos y primos, con los que antes del divorcio tenía mayor relación y que ahora puede ver menos.

Las necesidades de vinculación se refieren tanto al tiempo que los niños pueden compartir con el progenitor con el que habitualmente no conviven como a que tenga la posibilidad de establecer una comunicación fluida —vía telefónica, electrónica, postal, etcétera—, que le permita acceder a él sin barreras. Este escenario contribuye a que el niño no sufra muchos de los problemas y expresiones emocionales que hemos recogido previamente, y pone de manifiesto su contribución a su bienestar emocional. No debemos olvidar que la elaboración y continuidad de las vinculaciones resultan básicas para el desarrollo del menor como individuo. Así pues, tanto pensando en el corto como en el largo plazo, el establecimiento de unas relaciones continuas y fluidas debe constituir la prioridad para los adultos en los acuerdos de divorcio.

Un segundo aspecto dentro de este mismo punto es que la relación debe tener una continuidad y cierta regularidad. Es una responsabilidad de los padres cumplir y hacer cumplir los acuerdos, así como no interferir injustificadamente en ellos. Excepto por causas muy fundadas, un niño puede y debe ser cuidado por su otro progenitor cuando esté enfermo, tenga exámenes o en cualquier otra circunstancia habitual en la infancia. Los niños deben saber a qué atenerse y tienen que sentir esa regularidad, lo que les generará seguridad y disminuirá las posibilidades de expresiones de angustia y temor.

Idéntica recomendación se puede dar para todos los otros cambios que se produzcan en la vida del niño. Cuantos menos cambios materiales implique el divorcio, mejor se adaptará el niño a la situación posterior. Si a la ruptura tenemos que acompañar el cambio de domicilio, barrio o ciudad, amigos y colegio, las posibilidades de inestabilidad emocional se multiplican. Es cierto que los niños tienen gran capacidad para adaptarse a las nuevas situaciones, pero también es cierto que cuanto menos tengan que utilizar esos recursos mejor se encontrarán. Es muy interesante ver cómo algunos niños les preguntan a sus padres si podrán seguir yendo a jugar con la videoconsola de sus primos o visitar a los abuelos en el campo. Lo que parecía que apenas les llamaba la atención se convierte ahora en puntos de referencia que los niños buscan para dar estabilidad a sus vidas.

Es fundamental que la imagen del otro progenitor sea cultivada en el niño. Es muy frecuente que se hagan comentarios negativos o denigrantes del otro, pero aún es más habitual que uno de ellos —sobre todo la madre— no permita que el otro ocupe un lugar importante en la vida del menor. En este caso está confundiendo la parte de culpa de aquél en el fracaso de la pareja —con el rencor, frustración y amargura que ello acarrea— con la relación que el padre y la madre deben tener con el hijo. El progenitor debe reflexionar sobre que puede que el otro no fuera buen marido o esposa, pero que eso no tiene nada que ver con que sea un buen padre o una buena madre.

Los padres deben fomentar en sus hijos la imagen del otro. Esto se puede llevar a cabo comentando las tareas que hacen con él, alegrándose cuando se van a verle, así como dejándole participar en aquellas actividades que son relevantes para el niño. El progenitor que no convive habitualmente con el hijo debe tener la oportunidad de ir a las reuniones del colegio, a las visitas médicas y a las actividades extraescolares. El niño tiene que percibir lo importante que es para su padre y para su madre estar presentes en esos momentos de su vida. Esto tiene tanta trascendencia que, en las legislaciones de familia más avanzadas, a la hora de decidir quién tendrá la guarda y custodia de los hijos se valora expresamente la actitud favorable del padre o la madre para que sus hijos se relacionen todo lo posible con el otro progenitor, lo que se conoce como «el principio del progenitor más generoso».

El riesgo de que se presenten conductas de sobreprotección del menor es muy alto en el divorcio. Los padres dejan de ejercer como tales y pasan a ser guardianes fieros, o, en el otro extremo, a tratar a su hijo como un material frágil al que no se le debe llevar la contraria, so pena de frustrarle y provocarle un mal mayor. Esto es totalmente contraproducente. Los padres no pueden cesar en su función correctora. Las responsabilidades que implica ejercer como educadores no desaparecen con el divorcio, ni tan siquiera disminuyen. Los niños deben seguir teniendo límites, normas y horarios, mientras que los padres deben continuar exigiendo su cumplimiento. Si un progenitor ha castigado al niño, lo correcto es que el otro mantenga el castigo impuesto. De igual forma, si el niño ha conseguido una recompensa por haber logrado alcanzar una meta, el otro padre debe respetar esta situación. Los niños no se traumatizan por ser educados por sus padres; cuando los niños tienen problemas y desarrollan emociones negativas es por su educación incorrecta.

9

Consecuencias del divorcio en los padres

Hasta ahora hemos comentado las consecuencias del divorcio en los menores. Pero, después de años de investigación, la literatura sobre el divorcio está empezando a tener más en cuenta las consecuencias que para los miembros de la pareja, en su papel de padres, acarrea el divorcio tal y como se está llevando a cabo hoy en día.

Deterioro de las funciones parentales

El divorcio suele acarrear casi de inmediato la desaparición de uno de los progenitores —habitualmente el padre— de la vida cotidiana de los hijos. Se convierte así en alguien que disfruta de un tiempo limitado para el contacto con sus hijos. Independientemente del papel que ejerciera en la vida de éstos antes de la ruptura de la pareja, ahora pasa a convivir con ellos en fines de semana alternos, y algunas tardes aisladas cuando, tras recogerlos del colegio, los devuelve al domicilio familiar donde cenarán y pernoctarán.

Ello ha provocado que el papel que muchos de estos progenitores adoptan sea el de compañero de ocio, de visita, cuando no se convierten en padres ausentes, consentidores y desautorizados. Hace muchos años utilicé la expresión de «papá burguerking», padres que no se preocupan de que sus hijos mantengan buenos hábitos de alimentación o disciplina, algo justificado en muchas ocasiones por el propio hecho de que apenas tienen tiempo, cuando no lugar físico, para llevar a cabo dicha tarea. La imposición de normas requiere de una continuidad en el tiempo, y lo mismo podemos decir de los hábitos. Difícilmente puede llevarse a cabo una tarea educativa fundamental como ésta si se dispone de tres horas una tarde entre semana o de cuatro días completos al mes.

El respeto, la construcción de una figura como referente para un menor, con autoridad y voz, es una tarea difícil que requiere tiempo. Es, asimismo, un trabajo que ha de comenzar desde la primera infancia, siendo imprescindible la constancia en su consecución. Al progenitor que ve esporádicamente a sus hijos le resulta imposible construir ese papel, lo que desemboca en que, cuando quiere imponer normas, la desautorización de su figura, tras años de haber presentado una actitud débil, se haga presente.

La responsabilidad de construir el lugar que debe ocupar frente a sus hijos es responsabilidad de ambos progenitores. Por supuesto, este trabajo recae básicamente en el padre no custodio al que, sin embargo, por mucho que se esfuerce, esta tarea le va a resultar complicada sin el apoyo del otro. Si el rencor u odio hacia su ex pareja lleva al progenitor custodio a no querer colaborar con éste de forma activa, desplegando las estrategias que hemos recogido antes, es fundamental que, al menos, no entorpezca con comentarios negativos sobre él o interfiriendo en la relación con su hijo.

La madre sobrecargada

Una de las cuestiones que recientemente más han llamado la atención sobre el divorcio y la ruptura de los vínculos emocionales ha sido la aparición de datos sobre la sobrecarga que constituye para la madre la custodia en exclusiva de los hijos tras el divorcio. En los últimos años hemos venido observando un aumento en el número de mujeres divorciadas que, tras un periodo variable tras la ruptura que abarca desde los seis meses a los tres años, acuden a consulta al encontrarse sobrepasadas por los requerimientos que la crianza monoparental de los hijos les trae, sumado a las demandas de tiempo y formación que la vida laboral les impone.

La estadística define claramente el hecho de que las mujeres divorciadas con hijos a su cargo vuelven a establecer vinculaciones afectivas duraderas en menor porcentaje que sus ex parejas. De igual forma, los estudios afirman que aquellas que tras el divorcio comparten en mayor medida la crianza de sus hijos, se encuentran mejor ajustadas en la ruptura, menos sobrecargadas por las responsabilidades y disponen de mayor libertad para ocupar su tiempo en otras esferas vitales, lo que amplía sus posibilidades sociales, laborales y culturales.

La ruptura de pareja provoca desequilibrio emocional en el menor, cuando el adulto —madre o padre— aún se encuentra, a su vez, profundamente desequilibrado.

Esta situación produce una retroalimentación negativa, generando aún más ansiedad en los niños, especialmente en edades por debajo de los 3 años. Las ideas de pérdida, abandono, desafecto y enfado que los menores construyen ante el divorcio hacen difícil la convivencia diaria. La respuesta del custodio —habitualmente la madre— puede acarrear prácticas de riesgo con consecuencias muy serias para los niños, desde reacciones inapropiadas o desproporcionadas de ira, hasta el establecimiento de un modelo normativo errático, lo que no hace sino generar mayor inquietud y desajuste en los menores.

10

¿CÓMO SE DECIDE LA ASIGNACIÓN DE LA GUARDA Y CUSTODIA DE LOS HIJOS?

La decisión más difícil para una pareja que se divorcia es la de cómo organizar la vida de los hijos cuando existan dos hogares. En una situación en la que sólo se tuviera en cuenta el superior interés de los menores, la responsabilidad de decidir recaería en los progenitores, ya que son ellos quienes mejor conocen a sus hijos. Convenido este punto, su acuerdo llegaría a manos de un abogado, que le daría forma legal, asegurándose de que cumpliera las leyes y, tras su paso por la Administración, el juez lo ratificaría con su firma. En ocasiones, antes de pasar por el abogado los padres consultan a un profesional de la psicología. Tienen dudas, necesitan orientación, y éste es el camino natural para resolverlas y sentirse seguros de las decisiones que van a tomar.

Pero en un porcentaje muy alto de los casos los padres son incapaces de anteponer los intereses de sus hijos a los suyos propios. Es entonces cuando entregan sus vidas, su patrimonio y el destino de su descendencia a terceros —abogados, psicólogos, fiscales y jueces—, que han de decidir por ellos, ante su falta de acuerdo. Esta situación no ha de considerarse necesariamente definitiva, sino sólo el fruto de un momento vital pasajero, cargado de emociones que enturbian el entendimiento. Por tanto, pasado cierto tiempo, pueden volver sobre lo andado y rectificar lo dictado por el juzgador. Desafortunadamente no siempre es así. El acuerdo puede no llegar nunca, y a menudo el diálogo entre abogados sustituye a la conversación entre padres.

Por mucha consideración que otorgue al problema humano que tiene entre manos, un abogado no es sino un profesional del derecho que, sujeto a determinadas formas, normas y procedimientos, debe responder a la solicitud de sus clientes. Nunca podrá sustituir la visión de los padres, aun cuando en ocasiones muestre mayor cordura que ellos mismos. Su ventaja es que no está implicado emocionalmente, por lo que estará en mejor disposición de anteponer la razón y el pragmatismo en la resolución del conflicto. La experiencia nos demuestra que no es mejor letrado el que hace suyos los problemas que entran en su despacho. El riesgo que corre al no ser crítico con sus propios clientes puede hacer que su dirección jurídica naufrague. Idénticas palabras se pueden aplicar al resto de los profesionales implicados. La distancia profesional y la crítica razonable de lo que demanda el cliente, junto con la aplicación del mayor esfuerzo posible para llevar a cabo el encargo, constituyen la mejor receta para alcanzar con éxito el fin buscado.

Desde el punto de vista psicológico, llegar a un acuerdo en cuanto a la custodia de los hijos es muy distinto de tener que acatar una decisión impuesta por un juzgado. Aparte de que en el segundo caso las partes nunca terminan de estar satisfechas con la solución impuesta, lo más importante es la dinámica vital que se inicia.

Quizás por primera vez en sus vidas adultas, los padres perciben que no controlan la situación, se sienten al arbitrio de terceros que deciden sobre cada punto en el que ellos no llegan a un compromiso. Estas personas contemplan cómo su historia de éxito profesional y social puede cohabitar con una total desautorización en lo referente al gobierno de sus vidas familiares, lo que trae consigo la impresión de que su propio comportamiento tiene un origen externo.

Las personas que perciben los acontecimientos de su vida, positivos o negativos, como el efecto de sus propias acciones logran una salud psicológica y una calidad de vida muy superiores a las de aquellas que ven lo que les sucede como resultado del azar, del destino o de la decisión de otros. Estos últimos asumen que, independientemente de lo que hagan, no pueden controlar la situación, por lo que no merece la pena esforzarse ni dedicarle demasiado tiempo.

Por tanto, es preferible siempre potenciar el debate entre las partes, alcanzar compromisos e ir avanzando, aunque inicialmente no se logre cerrar por completo el problema. Introducir en nuestras vidas familiares el gobierno de otros siempre acarreará mayores costes psicológicos. La responsabilidad del individuo sobre sus propias decisiones lo vuelve más libre.

La custodia es el deber y derecho de los padres de atender las necesidades de sus hijos en todos los ámbitos. Del mismo modo que antes de la ruptura de la pareja los padres llevaban a cabo esa tarea en común, tras ésta se ha de asegurar el bienestar de los menores afectados. Existen dos tipos de custodia básicos: la custodia monoparental, por la cual uno de los progenitores asume la convivencia con los hijos de forma permanente mientras que el otro tiene asignado un tiempo determinado para compartir con ellos; y la custodia compartida, en la que los hijos residen, en periodos alternos, con cada uno de los progenitores. Partiendo de que ambos están capacitados para tener la custodia de sus hijos —aun cuando uno de ellos pueda tener más habilidades que el otro—, que disponen de salud física y psicológica y que el deseo del menor es estar el mayor tiempo posible con ambos, debemos hacernos cinco preguntas básicas para inclinarnos por una elección u otra.

¿QUÉ REPARTO DE RESPONSABILIDADES EXISTÍA Y CÓMO ERAN LOS VÍNCULOS HASTA LA RUPTURA?

La organización de la familia antes de la ruptura es un buen punto de referencia. No partimos de la nada; muchos acuerdos tácitos han sido ya tomados por la pareja previamente. La ruptura plantea la necesidad de ajustarse al nuevo contexto, pero no debe verse como un fracaso de la organización familiar, sino de la relación de la pareja. Si uno de los dos miembros tendía a dedicar más atención a los hijos, esta situación puede prolongarse tras el divorcio. En este caso debemos asegurarnos de que la ausencia física del otro no deteriore los vínculos de los menores. Sin embargo, éste no debe ser un criterio de decisión exclusivo o preponderante. La nueva situación también plantea la necesidad de modificar los papeles que antes parecían inamovibles. Del mismo modo que el acuerdo previo de la pareja podía consistir en que uno de ellos fuera único responsable del cuidado de los pequeños mientras que el otro se encargaba de trabajar fuera del hogar, o de las tareas domésticas, una vez llegada la ruptura ese escenario puede reescribirse. Tras el divorcio todo cambia, y dentro de ese cambio tenemos que considerar los propios deseos de los implicados. Lo que antes era bueno ahora puede no serlo.

Y lo mismo ocurre con los vínculos establecidos entre los padres y sus hijos. Si los niños estaban muy vinculados a su padre o su madre, una vez llegada la ruptura, si no tenemos en cuenta la necesidad de mantener esos lazos emocionales, los menores desarrollarán sentimientos de pérdida y frustración. Por tanto, aunque es importante, el reparto previo de responsabilidades es sólo una guía, un punto de partida para construir la nueva realidad.

¿Qué disponibilidad y deseos tiene cada progenitor para el cuidado de los hijos?

En ocasiones las rupturas están motivadas por profundas crisis vitales de las personas. Descubren, a menudo para su propio asombro, que no estaban hechos para ser padres, que la vida familiar les ahoga, que añoran los tiempos en que no tenían que rendir cuentas a nadie de adónde iban o cuánto tardarían en volver. Por otro lado, muchos otros tienen la necesidad de implicarse más activamente en esferas de la vida de los niños de las que antes apenas se habían ocupado, aunque estuvieran ya cubiertas. La crisis en su pareja les hace replantearse su propia existencia. Ya no son tan importantes el trabajo, los viajes de negocio ni los retos académicos, si implican perderse la infancia de su descendencia. Saben que llegan tarde para su pareja, pero son conscientes de que no para sus hijos.

Al plantearse el tema de la custodia, la disponibilidad de tiempo, el espacio y el deseo expreso de ocuparse personalmente de la crianza son variables fundamentales que deben tenerse en cuenta. Nadie será un buen progenitor si considera que es una imposición que nunca buscó; puede que, condicionado por la presión social, familiar o legal, lleve a cabo sus funciones, pero en este supuesto la calidad de su labor no va ser muy alta. Si no quiere, o no puede, renunciar a jornadas laborales interminables, aprender determinadas habilidades básicas para el cuidado, anteponer su papel de madre o padre a cualquier otro, eso debe reflejarse en la decisión sobre la custodia.

¿Qué garantiza la menor pérdida emocional para el hijo?

Lo más importante a la hora de buscar la mejor adaptación del niño a la nueva situación es, como ya hemos visto, tratar de disminuir al máximo la percepción del conflicto paterno por el menor y evitar la pérdida de sus vínculos emocionales. La importancia que suele otorgarse a la garantía de la estabilidad física y material del niño ha ocultado la trascendencia que esta variable tiene en realidad. Los estudios psicológicos han demostrado los efectos devastadores para el menor —hasta su edad adulta— del deterioro de los lazos afectivos que el niño había forjado antes de la ruptura.

La garantía de mantenimiento de las vinculaciones queda recogida en sentencias, de modo expreso y mediante el establecimiento de los tiempos en que cada progenitor va a disfrutar de la compañía de sus hijos. Sin embargo, esto no siempre se cumple. Las interferencias en las visitas y comunicaciones de uno de los progenitores pueden ser tan serias que han llevado a algunas de las legislaciones más avanzadas sobre divorcio a otorgarle a esta cuestión un papel determinante en la asignación final de la custodia. La inclinación de los padres a favorecer el contacto real y continuo del hijo con el otro progenitor, a lo que previamente nos referimos como «el principio del progenitor más generoso», es una variable que puede inclinar la decisión que adopte el juzgador. La práctica diaria en tribunales demuestra que el incumplimiento de los compromisos adquiridos en los convenios de divorcio es la principal fuente de pleitos. A la hora de decidir sobre la custodia, la consideración de esta variable será fundamental.

¿Qué garantiza el menor conflicto en la pareja?

El surgimiento de desavenencias tras el divorcio es algo lógico. De hecho, si una pareja llega a romper es porque no logra paliar sus diferencias, hasta que éstas deterioran el afecto que las había llevado a unirse. El conflicto se agudiza aún más ante la posibilidad de ganancia. Ningún ser humano entra en un enfrentamiento con otro si no tiene perspectivas de ganar algo. Esta ganancia no debe entenderse en un sentido tangible. La preeminencia que en este texto damos a los sentimientos y las emociones, y a los razonamientos que provocan, nos permite ver claramente que lo emocional es piedra angular en el divorcio. Indudablemente, las ganancias económicas o materiales son también muy importantes, no deben relegarse a un segundo plano, y siempre deben considerarse a la hora de decidir sobre la custodia.

En la mayor parte de las legislaciones, la asignación de la custodia para uno u otro trae consigo el disfrute de la que hasta ese momento había sido la vivienda familiar, así como la gestión de la pensión alimenticia para los hijos, que el otro progenitor debe satisfacer. Esto provoca que, en ocasiones, los hijos se vean como un instrumento para alcanzar unas prerrogativas nada desdeñables. La vivienda constituye entre el 70 y el 80 por ciento del patrimonio de una familia española. Si, según la legislación, aquel que ostente la custodia de los hijos disfrutará de la vivienda durante el tiempo que transcurra hasta la emancipación de éstos, el caldo para la lucha encarnizada por sus afectos está servido. Las estrategias que los padres desplegarán para lograr este objetivo sólo tienen por límite la imaginación, lo que da una idea del daño que el enfrentamiento puede provocar en los más débiles de la ecuación.

¿QUÉ GARANTIZA LA MENOR PÉRDIDA MATERIAL PARA EL HIJO?

En último lugar, por orden de importancia, se encontrarían las necesidades materiales de los menores.

Esto no quiere decir que la alimentación, el vestido o la posibilidad de llevar a cabo tareas extraescolares no sean relevantes, sino que su mejor o peor implementación no traen consecuencias tan graves como los demás aspectos considerados hasta el momento. Cualquiera puede desarrollarse con madurez y estabilidad sin haber recibido clases de tenis en su infancia, dispuesto de dos o tres cuartos de baño o haber podido veranear un mes en la costa. Sin embargo, mucha gente recuerda con verdadero afecto el tiempo pasado con sus hermanos, los ratos dedicados a jugar «a las peleas» con su padre o el mimo con que su madre les enseñó a leer. De igual modo, mientras que jamás he detectado, en la historia clínica de un paciente, que en la etiología de su padecimiento haya sido trascendental la falta de clases de esquí cuando era niño, continuamente descubro cómo sus carencias afectivas provocan las patologías. Las necesidades materiales, dentro de un mínimo razonable y lógico, deben permitir y facilitar el mejor desarrollo del menor. Debemos tenerlas en cuenta en su justa medida, pero nunca como elemento básico o primario de decisión en la custodia.

11

CUSTODIA MONOPARENTAL

Como antes hemos dicho, la custodia monoparental es aquella decisión de custodia de los hijos tras el divorcio por la cual uno de los progenitores —en la mayoría de las ocasiones la madre— asume la convivencia permanente con ellos, mientras que el otro progenitor tiene asignado un tiempo determinado para compartir con su descendencia. Uno de los progenitores, habitualmente el padre, sale del que hasta ese momento ha sido el hogar familiar y establece un nuevo domicilio. A partir de ese instante la relación con sus hijos se lleva a cabo a través de un acuerdo legal que deja recogido los días que podrá disfrutar de la compañía de sus descendientes.

FUNDAMENTOS DE LA DECISIÓN
DE LA CUSTODIA MONOPARENTAL

La custodia monoparental ha prevalecido durante la segunda mitad del siglo xx en los países que recogían el divorcio dentro de su ordenamiento jurídico. Sin embargo, se ha preferido este tipo de custodia sobre la base de premisas que hoy en día están totalmente descartadas por la psicología científica y que la propia evolución de los papeles del hombre y la mujer en los últimos treinta años han convertido en anacrónicas.

La preeminencia de la custodia monoparental femenina parte de las teorías desarrolladas por Bowlby referentes al apego, descritas a finales de los años sesenta y principios de los setenta. Este autor afirmó la preponderancia del vínculo del hijo con la madre, construyendo la llamada «mística del vínculo materno», creencia presente aún hoy en muchos profesionales. Con la teoría del apego, el autor pretendió explicar y describir, desde un enfoque evolucionista, de qué modo los niños se convierten en personas emocionalmente apegadas a sus cuidadores y, por el contrario, angustiadas cuando son separadas de ellos. Bowlby sostenía que el sistema de apego está compuesto por tendencias conductuales y emocionales diseñadas para mantener a los niños cerca de sus cuidadores. Estas tendencias ayudarían a protegerlos en caso de peligro o ataque, con lo que aumentarían sus probabilidades de supervivencia. La pérdida de ese vínculo vaticinaba deterioros insalvables en el menor, con lo que éste pasó a ser el elemento básico en la determinación de la custodia.

En el ámbito legal, el mito del «instinto maternal» y las teorías de Bowlby, y el psicoanálisis, desembocaron en la «doctrina de los primeros años» —*tender years doctrine*—, un principio de decisión que establecía la custodia materna inmediata si el hijo era menor de 7 años. Sin embargo, todo comenzó a cambiar a partir de la publicación de trabajos como los de Freud, Goldstein y Solnit (1973) y las investigaciones de Lamb (1975) acerca de las contribuciones de los padres en el desarrollo de los hijos.

La sucesión de investigaciones posteriores dejó bien claro que el niño establece vínculos de apego por igual con su padre y su madre —cuyas capacidades adaptativas son equivalentes—, que los padres pueden ser tan sensibles y hábiles para el cuidado como las madres, así como que los patrones de crianza diferencial encontrados dependen más de las experiencias previas de los sujetos que del sexo de quien las exprese. El propio Bowlby, en un trabajo posterior, rectificó algunos de sus planteamientos previos, destacando la importancia del vínculo que el padre establece con el hijo.

Ventajas e inconvenientes

La custodia monoparental tiene la ventaja de anclarse en la tradición. Las organizaciones son resistentes al cambio, lo cual se manifiesta también en el sistema judicial, así como en el sistema de valores de la sociedad ante la crianza. En caso de que uno de los progenitores no esté dispuesto o no sea capaz de llevar a cabo sus funciones para con sus hijos, la custodia monoparental es una buena decisión. Los niños tendrán la oportunidad de seguir vinculados a sus dos progenitores, aun cuando el lazo que les ligue a uno de ellos sea tan débil que pueda romperse en cualquier momento. La crítica fundamental hacia este modelo de custodia es precisamente ésta. El establecimiento de una custodia monoparental cristaliza la idea de ganador y perdedor en el divorcio, así como la imagen de «mejor padre» del custodio frente al otro progenitor, sometido al régimen de visitas y asimilado a una especie de padre o madre de segunda. La primera imagen deriva claramente de que uno de los padres se queda con los hijos, la pensión y la vivienda, mientras que el otro sólo tiene derecho a visitas de fin de semana y vacaciones. En esta situación es muy fácil que la construcción mental en los niños del progenitor visitante sea la de una madre o un padre adyacente o secundario al que recurrir en los momentos de ocio. Ante lo limitado del tiempo de que dispone para estar con sus hijos, éste suele no preocuparse por las tareas relevantes en la vida de los pequeños, amparándose en la afirmación de que para lo poco que los ve no va a corregirles. Las responsabilidades caen entonces del lado exclusivo del custodio, que ve cómo sus horas se sobrecargan, sin recibir apoyo de su ex pareja. La ausencia de resortes fuertes en la administración pública que velen por evitar esta situación permite que muchos progenitores se desentiendan del cuidado de sus hijos, con lo que se potencian situaciones en las que la madre se ve sola para cuidar de su descendencia y en serio riesgo de exclusión social.

El comportamiento de Silvia con sus hijos tuvo finalmente sus consecuencias. Al haberlos implicado en sus problemas emocionales, mostrándoles el dolor que sentía cada vez que se iban con su padre, los niños comenzaron a no contarle nada de lo que hacían con él. Al llegar éstos a la adolescencia, su papel como madre estaba muy deteriorado. Al principio Luis le recordó que siempre le había dicho que debía ser más severa con ellos, pero ante la situación de sus hijos logró anteponer las necesidades de éstos a su interés por pasar factura. Los padres decidieron que, en lo que restaba de curso, los niños pasarían las tardes con su padre, que se encargaría de ayudarles con las tareas. Silvia comprendió que su ex pareja no dejaba de ser un buen padre y que había sido una torpeza no contar con su ayuda antes.

El desarrollo de un panorama de responsabilidades tan asimétrico tiene consecuencias claras en los procesos de desautorización, intencionales o no, que se construyen en la pareja rota. Debido a la posición adyacente que muchos progenitores ocupan, es habitual encontrarse con que los hijos terminen provocando o siendo partícipes de una competición entre los adultos para ver quién les ofrece el mejor regalo o la norma más relajada. Especialmente en la adolescencia, la situación de asimetría en las obligaciones, con un progenitor que tiene que ejercer de cuidador, docente y, por tanto, corrector, frente al otro, cuya postura se inclina hacia el ocio, la despreocupación y el disfrute, hace que en muchas ocasiones el menor busque su propio beneficio, sin reparar en el hecho de que eso podría agravar el conflicto entre sus progenitores. Esta situación es de muy difícil solución. Si el progenitor custodio no entra en el juego, inmediatamente verá a su hijo marcharse a vivir con su otro progenitor. Si entra en el juego, se dará una relajación en las exigencias impuestas al menor en cuestiones como la disciplina, los horarios o los resultados académicos, es decir, un deterioro en el propio interés del menor.

Un segundo grupo de críticas tiene que ver con la propia evolución de los modelos familiares y de crianza de la sociedad actual. La figura de la madre dedicada al cuidado de los hijos, mientras el varón se marchaba del hogar para conseguir el sustento familiar, está ampliamente superada en muchos países y, especialmente, en las generaciones más jóvenes. La incorporación de la mujer al mundo laboral, junto con la asunción por el hombre de competencias en el cuidado de los hijos, son aspectos que no pueden desvanecerse al día siguiente de firmarse el documento que acredita la separación.

Finalmente, las investigaciones han puesto de manifiesto que la custodia monoparental está directamente relacionada con consecuencias negativas en el área social —aislamiento, consumo de drogas y aumento de fugas del hogar—, conductual —desarrollo de conductas regresivas, disruptivas y maduración impropia— y académica, con problemas de concentración, absentismo y abandono escolar.

El régimen de comunicación y visitas

La custodia monoparental implica necesariamente el establecimiento de un régimen de comunicaciones y visitas del progenitor no custodio con los hijos. El régimen de visitas tiene la doble vertiente de derecho y deber recíproco de padres e hijos, y persigue facilitar el contacto mutuo, así como evitar, en la medida de lo posible, un desapego en los menores respecto del progenitor con el que no conviven habitualmente. Considerando las circunstancias surgidas de la separación física de los padres, se busca impedir las carencias afectivas y formativas, y favorecer un desarrollo integral de la personalidad de los niños.

El derecho de visitas del progenitor no custodio constituye no sólo un derecho, sino también un deber. Su finalidad básica es la protección de los intereses del menor, para cuyo desarrollo y educación resulta imprescindible una relación fluida y amplia con ambos progenitores. Siendo prioritario el interés de los menores, un régimen de visitas que atienda a estos propósitos ha de primar, en la regulación de las cuestiones que les afecten, sobre cualquier otro interés legítimo que pueda concurrir.

En los últimos veinte años se ha considerado que un régimen de fines de semana alternos era suficiente. El progenitor no custodio pasaba, entonces, de estar diariamente en la vida de su hijo a tratar con él sólo cuatro días al mes tras el divorcio. Las consecuencias de este modelo no se hicieron esperar. En los años ochenta, aproximadamente, la mitad de los padres divorciados de Estados Unidos y Gran Bretaña perdieron el contacto con sus hijos. Otro estudio concluyó que, en el último año, aproximadamente una tercera parte de los padres estadounidenses habían visto a sus hijos como máximo en una ocasión. El número de padres que veían a sus hijos una o más veces a la semana sólo alcanzaba el 25 por ciento. Estas cifras se agravan en función de la edad del menor en el momento de la separación: los estudios indican que cuanto menores son los hijos, menor es también el contacto que mantienen con sus progenitores tras la ruptura de la pareja.

El régimen de visitas cumple importantes funciones psicológicas en todos los implicados, no sólo en el niño. Un padre que ve cómo su figura es relevante en la vida de su hijo, que percibe la importancia de su papel en las decisiones que afectan al futuro del niño, será un padre más satisfecho y más inclinado a implicarse en su crianza que aquel que considere su papel poco significativo. Asimismo, si la madre custodia siente el apoyo externo del padre, su nivel de estrés será menor, lo que afectará directamente a la calidad del cuidado que recibirá el niño.

La regularidad del régimen de visitas es uno de los factores más determinantes para que los niños mantengan el nivel de rendimiento académico previo, no desarrollen padecimientos psicológicos ni aumenten los niveles de comportamiento delictivo y construyan adecuadamente su autoestima. Sin embargo, las últimas investigaciones destacan que la importancia real del régimen de visitas reside no tanto en la cantidad como en la calidad de éstas. Los niños no parecen beneficiarse de la asiduidad de las visitas tanto como de la cercanía del progenitor con el que no conviven, de su apoyo emocional y económico, y de la imagen de respeto y autoridad que desprende ante su hijo. Siendo esto así, podemos entender que un régimen de custodia de cuatro días al mes vuelve inalcanzable semejante objetivo. El no custodio no puede compartir los momentos relevantes en la vida de su hijo: hacer las tareas con él, recogerle del colegio, conocer a sus compañeros de aula, etcétera. Muchos profesionales de la psicología evolutiva hemos destacado que el baño, la lectura antes de dormir o la posibilidad de corregir a un hijo son elementos que aumentan la calidad de la relación y ayudan a construir verdaderamente la imagen del padre o de la madre en el hijo. Resulta imposible, en un régimen de custodia de fin de semana, vivir todos estos momentos.

Un segundo problema, que cada vez tiene mayor relieve en la determinación de las custodias, es el papel de guardianes que muchos progenitores se otorgan tras la ruptura de la pareja. Algunos se comportan como controladores del contacto de sus hijos y regulan la frecuencia e intensidad de la relación de éstos con el progenitor con el que no conviven, sin importarles las decisiones judiciales o el interés de los niños. Esto es fácil de constatar, como lo han hecho diversas investigaciones, cuando en las clases los docentes piden a los niños que dibujen a su familia o hagan una redacción sobre ella. Los niños en régimen de custodia monoparental, a diferencia de los niños en régimen de custodia compartida, muestran una tendencia tres veces superior a omitir a uno de los progenitores.

Los problemas recogidos han llevado a que, en los últimos años, el régimen de visitas cambie sustancialmente, con resultados muy halagüeños. A los fines de semana alternos se han ido añadiendo días entre semana. Los juzgados tienden ahora a incorporar al progenitor no custodio en el día a día de sus hijos, permitiéndole que recoja al menor a la salida del colegio una o dos tardes a la semana —ya sea concediéndole únicamente las tardes o bien incluyendo la pernocta—, y alargando el fin de semana desde el viernes, a la salida del centro escolar, hasta el lunes, cuando el menor vuelve al colegio. La ventaja de esta medida es que aligera las tareas del custodio derivadas de la vida escolar del hijo, permite al no custodio presentarse ante el docente de su hijo y conocer a sus compañeros, y obliga a este último a asumir su responsabilidad, por ejemplo, en que el niño haga los deberes. El progenitor no custodio se ve así en la obligación de corregir al niño, de asumir un papel que va más allá del ocio y, por tanto, tiene la oportunidad de forjarse ante él una imagen de respeto y apoyo. La realidad ha sido que, en los procesos en los que se ha aplicado este sistema, el nivel de conflictividad se ha reducido exponencialmente, lo que lo ha convertido en referencia. Muchas parejas han visto disminuir significativamente, cuando no por completo, su número de visitas al juzgado al reducirse también el número de ocasiones en las que obligatoriamente se tendrían que ver para recoger o entregar a sus hijos. El padre no custodio pasa de recoger y entregar al menor en casa de la madre a hacerlo en el centro escolar, lugar que los niños perciben como seguro, con lo que su ansiedad decrece considerablemente.

12

CUSTODIA COMPARTIDA

A pesar de las trabas que el tradicional conservadurismo del sistema judicial le impone, la custodia compartida es, sin lugar a dudas, el futuro modelo dominante a la hora de decidir la custodia de los hijos tras el divorcio. Los datos en países como Estados Unidos —donde en algunos estados se acude a esta fórmula en más del 60 por ciento de los divorcios—, Francia, Alemania o Canadá indican un crecimiento en este tipo alternativo de custodia.

La custodia compartida es aquella en la que se distribuyen los espacios y tiempos de convivencia considerando las capacidades, deseos y necesidades de los progenitores y de los hijos, desde un punto de vista de igualdad y mutua necesidad de las partes. Frente a la tradición, surge lo que hace años venimos describiendo con la metáfora del «traje a medida», opuesto al modelo pretérito de fines de semana alternos, que «uniformiza» a todas las familias, pasando por alto sus particularidades. En la custodia compartida priman los vínculos de los hijos por encima de la comodidad o intereses de sus progenitores. Es imprescindible tener en cuenta las circunstancias específicas en las que se encuentran, el reparto del tiempo y los intereses personales. Esta alternativa trae como consecuencia inmediata que la ruptura de la pareja deje de considerarse un mero trámite legal, y pase a entenderse como una situación familiar específica que el profesional debe atender en la demanda concreta que plantea.

Desde el punto de vista social, la custodia compartida así entendida responde a la necesaria evolución del modelo familiar que se está produciendo hoy en día, donde las mujeres buscan desarrollarse en los ámbitos laboral, social y afectivo tras su ruptura de pareja, lo que se vuelve muy difícil si no se dispone de ayuda para criar a los hijos. Por otro lado, muchos hombres han abandonado su postura de padre proveedor, implicándose en asuntos hasta hace unas décadas considerados responsabilidad de la mujer.

En el ámbito psicológico, la gran ventaja de este modelo se encuentra en su oposición frontal con las dos variables fundamentales que debemos evitar si deseamos la mejor adaptación del menor a la situación posterior al divorcio: la presencia de éste en el conflicto y la pérdida emocional y física en su vida. Sumado a lo anterior, la custodia compartida rompe con la imagen de ganador y perdedor, de padre o madre de primera y de segunda que antes comentamos.

En el terreno jurídico, muchos profesionales hemos planteado que este reparto de las responsabilidades parentales tras el divorcio dificulta, cuando no impide, el conflicto en tribunales. Como ya hemos mencionado, los conflictos entre personas o grupos de personas se dan sobre la base de la ganancia. Las guerras entre naciones, así como las demandas entre progenitores, se inician si existe un objeto por el que competir. Si esta variable se elimina, si las responsabilidades, así como los posibles beneficios —reales o imaginarios— se equilibran entre los bandos contendientes, el nivel de enfrentamiento decae rápidamente. Los grandes beneficiados de esta opción son los hijos, que ven cómo sus padres verdaderamente se preocupan por ellos y no por quedar por encima del otro.

Curiosamente, muchos padres quisieran pedir la custodia de sus hijos o, al menos, compartirla con su ex pareja, y sin embargo no lo hacen porque creen erróneamente que lo mejor para sus hijos es permanecer con su madre. Una vez más vemos que la tradición construye barreras psicológicas mucho más sólidas que cualquier frontera entre naciones. El desconocimiento, la perpetuación de errores por la simple aplicación rutinaria de soluciones conocidas, son obstáculos que la custodia compartida está superando al ritmo que la evolución social de los individuos marca.

Ventajas e inconvenientes

Una vez que la psicología ha dejado bien claro que la necesidad exclusiva de la maternidad es sólo un mito (Schaffer, 1994), la pregunta que se presenta es muy simple: si antes de la separación ha existido una custodia compartida, ¿por qué razón el divorcio determina que la situación ha de cambiar? Toda sentencia establece un reparto por mitades de la convivencia de los hijos con los padres en vacaciones. El argumento para no extender dicho modelo al resto del año no tiene nada que ver con sesudas explicaciones psicológicas o elaborados requisitos legales, que tanto tiempo y esfuerzo exigen a quienes defienden o se oponen a esta alternativa de custodia. El que los niños disfruten del contacto con su padre y su madre por igual no depende más que de si se encuentran en periodo lectivo o vacacional.

La custodia compartida no implica mayor inestabilidad en los niños, no altera sus rutinas ni provoca un deterioro en su desarrollo por hacer que el niño entre en contacto con distintas personas. El reparto de los tiempos de convivencia de los hijos con los padres, en la mayor igualdad posible, aumenta la actitud de respeto entre los progenitores, así como la colaboración mutua. Es indudable que si una pareja se ha roto, en parte se debe a sus desacuerdos. Por tanto, no podemos exigirles que ahora sí alcancen lo que antes no han logrado. Aunque sería todo un signo de madurez que, por una sola vez, pensaran primero en sus hijos, lo más realista es suponer que muchos jamás van a lograrlo. La investigación en psicología ha dejado aquí también las cosas muy claras. Si consideramos los tres tipos de padres después del divorcio —cooperativos, incomunicados y conflictivos—, los datos nos indican que para la mejor adaptación de los niños a la situación posterior al divorcio es preferible que sus padres sigan el modelo incomunicado, en el que cada uno gestiona el tiempo y las rutinas de sus hijos como quiere sin interferir en los del otro, antes que el que implica la presencia de dos progenitores en conflicto. Por supuesto, el modelo cooperativo es el ideal, la aspiración superior, pero en muchas ocasiones jamás se alcanzará.

El establecimiento de una situación en la que ambos progenitores tienen las mismas responsabilidades y tareas, frente al anterior modelo, en el que la carga de trabajo queda básicamente del lado del progenitor que tiene la custodia mientras que el visitante disfruta de todo el tiempo de ocio, dificulta que perdure el conflicto. El mutuo interés potenciará el acuerdo.

Es importante destacar un hecho muy relacionado con el punto anterior. Si un padre o una madre se encuentra más satisfecho de su relación con su hijo, ve posibilidades de implicarse, de ser una figura de referencia para él y puede tomar decisiones, se encontrará más motivado para cumplir con sus compromisos económicos. La custodia compartida aumenta el porcentaje de cumplimiento, incluido el pago de las pensiones destinadas a los hijos.

Hay que considerar una serie de factores, que permiten el éxito de este modelo de custodia, por facilitar las condiciones. Es mucho más sencillo recurrir a esta opción si los progenitores se encuentran en entornos geográficos cercanos, se perciben uno a otro como una figura importante para el hijo y respetan sus aptitudes en el cuidado del menor. Una de las grandes ventajas que se logran es que ambas figuras parentales se construyen con solidez, lo que les permite actuar complementariamente en situaciones futuras. La eliminación de la competición evita la elaboración de figuras parentales devaluadas a ojos de los hijos, que ya no son testigos de las estrategias de desautorización entre sus progenitores.

La llegada a la adolescencia de Salvador permitió que Álvaro y Ana entendieran que ambos se necesitaban. Su hijo aprovechaba la incomunicación de éstos para faltar cada vez más al instituto. El tutor les advirtió de que la próxima vez que esto se produjera expulsaría a Salvador por un mes. Aunque Álvaro aún sentía un profundo resentimiento hacia Ana, los dos decidieron que su hijo estaba por encima de su fracaso como pareja. Acordaron dividirse la tarea de su educación en casa. Salvador, viendo que sus padres se comunicaban, se contaban lo que habían hecho en sus respectivas casas, no pudo seguir aprovechándose de la situación y comenzó a mejorar su rendimiento académico y su actitud en clase.

La eliminación de la competición por ver quién es el mejor padre y el abandono de la búsqueda constante del error del otro hacen que los esfuerzos se dirijan hacia el verdadero objeto de interés. Si no necesito estar continuamente demostrando mi valía no agoto gran parte de mis fuerzas antes de comenzar el arduo trabajo de educar a un hijo. En los menores ocurre algo semejante. El nivel de satisfacción de los hijos aumenta significativamente en comparación con los que se encuentran bajo una custodia monoparental. Los niños son más libres, se desprenden del tener que demostrar lealtad a uno y otro, por lo que disminuyen los enfrentamientos con los padres.

Los inconvenientes de la custodia compartida se encuentran en aquellas parejas en las que la distancia vuelve muy difícil, cuando no imposible, esta opción. Las dificultades en los horarios laborales, por ejemplo en aquellos progenitores que tienen que estar continuamente viajando o rotando de turno, para compaginar sus rutinas con las de sus hijos o las limitaciones en las capacidades e intereses de muchos padres para ejercer realmente un papel relevante en la vida de sus hijos serían también obstáculos para el establecimiento de este tipo de custodia.

MODELOS DE CUSTODIA COMPARTIDA

A menudo los padres tienen la idea de que la custodia compartida implica que únicamente un reparto por mitades del tiempo de convivencia con los hijos puede ser llamado como tal. Esto es del todo falso. En la distribución de los tiempos de convivencia debemos buscar la forma que más favorezca la implicación de ambos progenitores en la vida del hijo, permitiendo que perduren y se fortalezcan los vínculos entre éstos. La custodia compartida no será un reparto salomónico, sino una distribución lo más equilibrada posible dentro de las circunstancias de cada familia. Si el padre trabaja sólo por la mañana mientras que la madre tiene turnos rotatorios, debemos buscar la posibilidad de que el padre ocupe su tiempo libre en estar con sus hijos, cubriendo de esta forma el tiempo en que la madre se encuentra trabajando. De igual forma, si el padre trabaja varias jornadas seguidas, descansando igualmente varios días a continuación, un régimen de custodia compartida será aquel que le responsabilice de sus hijos en su tiempo de descanso, mientras que la progenitora se ocupará de ellos cuando él esté trabajando.

La norma de aplicación de la custodia compartida implica que, cuanto más pequeños sean los niños, los tiempos de convivencia sean más breves pero más frecuentes. Si se trata de un bebé podrían otorgarse todas las tardes al padre, mientras que el resto del tiempo, incluida la mayor parte de las pernoctas, éste permanezca con la madre. Conforme el niño se hace mayor, los contactos pueden distanciarse, lo que le evita cambios excesivos. A partir de los 12 años, los periodos pueden ser tan prolongados como años escolares alternos en casa de cada uno de los padres, con el consiguiente régimen de visitas para el que no reside con el niño.

Un régimen de custodia compartida que está resultando muy conveniente es aquel que atribuye martes y jueves, desde la salida del colegio hasta la entrada al día siguiente, y fines de semana alternos que comienzan el viernes, desde la salida del colegio hasta el lunes a la entrada del colegio, a un progenitor, y el resto del tiempo al otro. Así, el tiempo máximo que el menor pasa sin el contacto con uno de sus progenitores es de cuatro días, lo que favorece su desarrollo y permite tener intimidad con cada uno de los progenitores.

Argumentos contra la custodia compartida

Las posiciones más conservadoras han dado miles de argumentos contra este régimen de estancia y comunicaciones de los hijos con sus padres. A poco que los profesionales se han detenido en ellos, han visto lo artificial y débil de la construcción teórica que pretendía sostenerlos.

La pregunta que debemos hacernos es por qué cuando, antes de la ruptura, se ha disfrutado, de facto, de una custodia compartida, tras la ruptura este modelo deja de servir. Es decir, si previamente el padre era buen cuidador, por qué ahora no puede cambiar pañales. Antes del divorcio, los padres tienen una custodia compartida. Si queremos mantener la mayor estabilidad en el menor debe primar esta opción, por ser la más adecuada para su interés. Por otro lado, si antes era la abuela paterna quien recogía al niño en el colegio, ¿por qué ahora no va a seguir haciéndolo? Y, sobre todo, si antes del divorcio los continuos «cambios» —del centro escolar a la abuela, de la abuela al papá que venía a llevárselo para ir a clases extraescolares, del papá a la persona de servicio que lo llevaba a casa, de la persona de servicio a la mamá que llegaba a casa y le ponía la cena, de la mamá al papá que venía del trabajo y le daba el baño y acostaba— no le generaban ningún «trauma», ¿por qué tras la ruptura los «cambios» van a generárselo? Para comprobar este punto, es interesante un estudio con una muestra de 63 familias, en el que Hill (1987) observó que la mayoría de hijos había experimentado el cuidado de adultos distintos de sus padres durante la mayor parte del tiempo comprendido entre sus primeros dos o tres años de vida, con frecuencias que iban de varias ocasiones a la semana a una vez al mes. Esta práctica, en una sociedad en la que ambos progenitores trabajan, es cada vez más frecuente, y no implica ningún riesgo para la estabilidad del menor.

Otro tema discutible en relación con los niños es la necesidad de estabilidad en sus espacios: ¿les afectan los cambios que impliquen un desarraigo o cambio fundamental en sus vidas? La opción más recomendada por la psicología es que el menor permanezca en su entorno de referencia, entendido en un sentido amplio en el que debemos incluir sus espacios significativos —lugar de nacimiento y crianza—, las personas relevantes con las que han establecido vínculos —familia extensa, compañeros de clase, amigos de juegos— y sus costumbres —horarios y actividades—. Sin embargo, la costumbre ha aplicado un doble rasero. Si el progenitor custodio traslada su domicilio a otra población, lo que imposibilitaría un régimen de visita regular del niño con su otro progenitor, la preeminencia de la estabilidad ya no es importante. En cambio, cuando la alternativa es que el niño tenga dos hogares, muchas voces alegan que esto es contraproducente y alterará el desarrollo del menor, independientemente de su cercanía.

¿La custodia compartida, que implica la estancia alterna en dos residencias, no traería más cambios a los menores? Con base en una visión extraordinariamente simplista, se ha calificado a estos niños como «niños de la maletita». Un análisis serio desmonta rápidamente este argumento, sin necesidad de mucho esfuerzo. Cuando la pareja con hijos se divorcia, la fórmula que con mayor frecuencia se utiliza para el reparto del tiempo de los hijos con sus padres consiste en que estén el mayor tiempo con su madre, excepto un fin de semana de cada dos y una noche con el progenitor no residente. En cifras, esto supone doce cambios de casa al mes.

Si los niños pasan dos noches más con uno de sus progenitores, por ejemplo, si están con él todos los miércoles, los jueves y fines de semana alternos, el número de cambios se reduce. Eso supone ocho traslados de una casa a otra al mes, y pasará, prácticamente, la mitad de las noches con uno y la mitad con el otro. La misma cifra da un régimen de visitas en el que el hijo pase todos los lunes con su padre, así como los miércoles y fines de semana alternos. Si se establece una custodia compartida por semanas alternas, los cambios de domicilio se reducen aún más. Si este régimen fuera el elegido, el padre, por ejemplo, llevaría al niño al colegio el lunes por la mañana, la madre lo recogería al salir del centro escolar, y pernoctaría toda la semana con ella hasta el lunes siguiente. De este modo los cambios serían cuatro al mes. Sea como fuere, el argumento de las posibles alteraciones psicológicas que podría sufrir el menor queda descartado puesto que, como ya dejamos claro, los cambios que muchos niños experimentan diariamente no afectan a su desarrollo como sujetos.

¿Es necesario que la pareja mantenga una buena relación tras el divorcio para poder optar por la custodia compartida? La psicología no ha establecido esta necesidad en ningún momento. Si bien lo ideal es que los adultos nos comportemos como tales, también es cierto que decidimos separarnos porque no queremos soportar o no nos compensa mantener una relación, en ocasiones ni buena ni mala, con la que ha sido nuestra pareja. Es preferible, para el superior interés del niño, que los padres no se comuniquen, antes que estar en conflicto continuo. Sin embargo, la condición de la buena relación ha resultado ser muy útil para entorpecer la implantación de la custodia compartida. En el caso español, en el que, en virtud de la Ley Integral de Protección contra la Violencia de Género, expresiones como «Vete a la mierda» o «Te vas a enterar» dirigidas por un hombre a su pareja mujer pueden suponer a éste nueve meses de cárcel —mientras que la consecuencia de esa misma frase, pero dirigida esta vez

189

de una mujer a un hombre, no pasa de una pequeña multa—, es fácil entender que se recurra con ligereza a estas denuncias para imposibilitar los acuerdos de custodia. Al poder alegar que no existe una buena relación, como la premisa es que ésta es necesaria, muchos profesionales que trabajamos en este campo hemos planteado que se estaba produciendo una invitación tácita a denunciar de forma poco rigurosa. No existe foro profesional en el que esta afirmación no sea motivo de conversación, estando la mayoría de los implicados de acuerdo con ella.

13

LOS INSTRUMENTOS DE AYUDA
EN EL DIVORCIO

A la hora de divorciarse, los miembros de la pareja tienen asumido que necesitan contratar a un abogado para que les represente. Conforme el procedimiento va transcurriendo, es habitual que otros profesionales participen en el asunto. Psicólogos, encargados de valorar a la unidad familiar, trabajadores sociales, que se asegurarán de que el menor disponga de los recursos materiales y sociales para su desarrollo, y mediadores familiares o puntos de encuentro, que intentarán ayudar a las familias actuando ante situaciones y problemas específicos.

LOS PSICÓLOGOS QUE TRABAJAN PARA
EL JUZGADO DE FAMILIA

Los psicólogos comenzaron a introducirse en los juzgados de familia desde el preciso instante en que se advirtió la necesidad de una opinión profesional que apoyara las decisiones que afectarían a los menores. Los juristas, desconocedores de la materia, buscaron su dictamen, su opinión profesional, para avalar los argumentos legales que defendían, hasta convertirlos en un recurso hoy habitual en el juzgado de familia. En España, las primeras incorporaciones de psicólogos a la Administración de Justicia datan de 1983, dos años después de la aprobación de la Ley del Divorcio. Al servicio formado por un psicólogo y un trabajador social se le llama Equipo Psicosocial.

Estos profesionales no son los únicos capaces de emitir informes en un procedimiento de divorcio. Otras instituciones de protección de menores o sanitarias pueden también llevarlos a cabo. Un ejemplo lo tenemos en México, donde el Sistema para el Desarrollo Integral de la Familia (DIF) emite informes a petición del juez. De igual modo, la práctica totalidad de las legislaciones internacionales permite que una de las partes personadas en el litigio pueda presentar un informe pericial propio, elaborado por un psicólogo que ha contratado con tal fin.

Se requiere la intervención de un psicólogo en aquellos asuntos en los que se debe determinar la guarda y custodia de los hijos, en los que se están modificando medidas previamente adoptadas por el juzgado que afectan a los menores, y cuando es necesario iniciar un procedimiento para su protección. En el informe pericial han de constar un conjunto de puntos sobre los que se tiene que pronunciar el profesional —por ejemplo, recomendaciones para establecer un régimen de visita—, a partir de los cuales el psicólogo lleva a cabo una valoración de los implicados en el expediente a través de entrevistas, la aplicación de pruebas psicométricas —test y escalas de personalidad, de estilos educativos, clínicos, etcétera— y la observación de la interacción entre los miembros de la unidad familiar. El objetivo de la evaluación es alcanzar un conocimiento lo más acertado posible sobre las actitudes y capacidades de cada uno de los progenitores para el cuidado y protección de los menores, lo que constituirá la base de las recomendaciones oportunas sobre el régimen de visita y la custodia.

Una vez presentado el informe ante el juzgado, el profesional debe ratificar y defender su dictamen ante el juez y la representación legal de cada parte, sometiéndose a su interrogatorio. Si bien es importante la opinión del psicólogo presentado por una de las partes, o el informe elaborado por el equipo adscrito al juzgado, nunca serán vinculantes para el juzgador. El juez tiene siempre la última palabra y asumirá la opinión de los profesionales únicamente como guía para llegar por sí mismo a una solución final.

Los servicios de mediación familiar

Los servicios de mediación son un instrumento de ayuda que pretende encontrar soluciones pactadas sobre los temas que el divorcio plantea. La filosofía de la mediación establece la necesidad de hablar y llegar a acuerdos sobre la vivienda, el cuidado de los hijos y los problemas detectados en ellos y derivados de la decisión tomada por sus progenitores, así como cualquier otro punto que requiera una solución común. Abandona intencionadamente el enfoque centrado en buscar un culpable, para volver la mirada a la necesidad de colaboración entre los ex cónyuges en la educación de sus hijos, y devuelve la responsabilidad de sus vidas a sus protagonistas.

Los encargados de la mediación, habitualmente psicólogos y abogados, plantean la necesidad, aunque se haya producido una ruptura de la pareja, de evitar una quiebra de la relación de los progenitores con respecto de sus responsabilidades como padres. La familia se considera un sistema dentro del cual hijos, padres y las nuevas parejas e hijos de éstos deben tener voz a la hora de llegar a un consenso para alcanzar soluciones. En ese mismo sentido, se entiende que las decisiones sobre los hijos, la vivienda, el régimen de visitas, etcétera, están relacionados.

El mediador participa de forma activa en las reuniones, dirigiendo la conversación, conteniendo las reacciones apasionadas inútiles para el objetivo marcado, poniendo sobre la mesa distintas opciones y dando puntos de vista alejados de la carga emocional que arrastran los miembros de la familia rota. Se rige por el principio de imparcialidad, por lo tanto no puede inclinarse por ninguna de las partes, ni expresar juicios u opiniones propios. Lo anterior no puede confundirse con no intervenir en el problema. El mediador busca que los padres reflexionen sobre sus conflictos y diferencias, sin poner por encima lo que él haría o considera mejor. La decisión siempre debe ser la que los progenitores elijan desde su convencimiento.

El segundo principio que rige la mediación es el de igualdad. El mediador debe ayudar a buscar acuerdos en los que el papel de los implicados sea equilibrado, tanto en sus posiciones de partida como en las soluciones que adopten. No se puede llevar a cabo una mediación si una de las partes se sienta a la mesa sabiendo que tiene una posición dominante. Del mismo modo, no se debe asumir una solución que implique una clara desventaja o desequilibrio para uno de los implicados.

Finalmente, la mediación se considera un acto voluntario. Los implicados son libres no sólo de llevarla a cabo o no, sino también de abandonarla en cualquier momento. Se ha discutido hasta la saciedad la necesidad de forzar a las parejas que se divorcian a pasar, antes del inicio del proceso judicial, por un servicio de mediación familiar. Los procedimientos judiciales traen consigo una espiral de conflictos que agudizan cada vez más los que en muchas ocasiones fueron inicialmente pequeños desencuentros o tan sólo malentendidos. La mediación muestra la necesidad de hablar, de resolver por la vía del diálogo problemas básicos de la familia. Las legislaciones de familia más avanzadas van en la dirección de potenciar la mediación como forma de respuesta inmediata y previa a los conflictos familiares. Las directivas europeas, así como la legislación más progresista en Estados Unidos, anuncian claramente que la mediación va a ser un instrumento fundamental a la hora de evitar la judicialización de muchas rupturas en los próximos años.

LOS PUNTOS DE ENCUENTRO FAMILIAR

La necesidad de crear entornos seguros donde las parejas en procesos de ruptura con alto grado de conflicto, o presencia expresa de violencia, puedan cumplir y llevar a cabo con seguridad el contacto con sus hijos, impulsó la apertura de centros especializados que resolvieran este problema. Los puntos de encuentro familiar, llamados pisos de convivencia en Latinoamérica, son espacios donde el progenitor custodio entrega a los hijos a los profesionales que allí trabajan, habitualmente psicólogos y trabajadores sociales, que a su vez se los harán llegar al otro progenitor, en otra sala dentro del mismo centro. De esta forma, por un lado se evita que los ex cónyuges entren en contacto directo y, por otro, se logra que se cumplan los regímenes de visitas establecidos judicialmente.

El tiempo que los menores pasan con el progenitor con el que habitualmente no conviven puede transcurrir en el centro o bien, si así lo recoge el acuerdo judicial, pueden disfrutar de él fuera del mismo. Una vez finalizado el tiempo pactado, el padre o la madre devuelve al menor al mismo lugar y se lo entrega a los profesionales, que de nuevo se lo hacen llegar al otro progenitor, que espera en otra sala. El papel de los profesionales que intervienen en este mecanismo puede variar, desde el de meros observadores, hasta el de aquellos que se implican directamente, dando recomendaciones a los padres para mejorar la relación con sus hijos.

Las visitas se registran en informes que el juez supervisará, con objeto de observar la evolución de las relaciones paternofiliales y así tomar decisiones sobre su ampliación o limitación. Los puntos de encuentro deben ser considerados soluciones temporales que no pueden prolongarse durante meses. La artificialidad de la situación provoca una sensación de provisionalidad en las relaciones paternofiliales muy difícil de superar. Por ello, las decisiones tendentes a prolongar el tiempo de estancia del hijo con el progenitor con quien no reside, una vez comprobado que no existe peligro para el menor, deben asumirse con prontitud, buscando que el contacto se desarrolle en el entorno familiar natural.

14

Nuevos retos
en la familia reconstituida

La complejidad que está adquiriendo la sociedad hace que su análisis sea cada vez más difícil, debido a la cantidad de variables que deben considerarse. Los miembros de las parejas rotas no se conforman con su nueva situación. Inician nuevas relaciones, aportando hijos de las anteriores, que vienen a complicar el escenario.

El papel de la nueva pareja

La unión de dos personas vino a cubrir la necesidad social de enmarcar adecuadamente —según las normas establecidas— la conducta amorosa, las relaciones sexuales, el embarazo y la posterior crianza de los hijos. La evolución de las últimas décadas demuestra que la búsqueda de una relación de pareja actualmente se basa en motivaciones mucho más íntimas, de desarrollo personal, de búsqueda de apoyo y de construcción de un proyecto común. Del mismo modo que hoy en día ya no recibe la misma reprobación social tener un hijo fuera del matrimonio, ocurre también que las parejas no desisten de intentar cubrir sus aspiraciones emocionales tras la ruptura.

Cada vez es más frecuente que los miembros de una pareja rota inicien una nueva relación, lo que implica que en la nueva unión se tengan que tomar en cuenta los vínculos previos del padre o la madre con los hijos de su anterior pareja, así como el lugar que el nuevo miembro de la familia debe asumir en el hogar.

La forma más habitual en este tipo de uniones es la de la madre con sus hijos y el padrastro. Con menos frecuencia, ambos miembros de la pareja aportan hijos, lo que establece un nuevo marco de relaciones: madre / hijos, padre / hijos, padrastros / hijastros, madrastras / hijastros, hermanastro / hermanastro, medio hermano / medio hermano (hijos de la nueva pareja que sólo comparten un ascendiente con los otros hijos), que se suman a las de los padres con sus respectivos hijos con los que no conviven.

Lo primero que debe considerar la pareja es que no tiene que pedir permiso a sus hijos para iniciar su relación. Darles un papel y un poder que no les corresponde es el camino directo al fracaso. Los hijos quieren, por encima de todo, ver felices a sus padres. Si la nueva relación les hace felices ellos se alegran. Sin embargo, eso no quiere decir que no se deban tener en cuenta sus deseos y, más concretamente, sus miedos. Los temores básicos de los niños en este caso giran en torno a la posibilidad de sentirse desplazados en el afecto que su progenitor les profesa, ahora que tiene una nueva pareja, y en el miedo a que el nuevo miembro venga a sustituir el lugar que antes ocupaba su padre o su madre. Si no se establece desde el primer instante el hábito de comentar con naturalidad la situación y los temores que pueda generar, surgirán los enfrentamientos. Los problemas de incomunicación, y las confrontaciones que surgen como consecuencia, son la primera causa del alto índice de rupturas que se registran en estas uniones.

Luis temía que llegara el momento de presentarles su nueva pareja a sus hijos. Sabía que el periodo de relativa calma del que estaba disfrutando, tras varios juicios con su ex pareja, podía romperse cuando los niños contaran en casa de su madre que su padre tenía pareja. No le cabía la menor duda de que ella sería de su agrado, pero existía la posibilidad de que sintieran que podía robarles parte de su afecto. Decidió que ellos debían ser partícipes de su alegría y que decidirían el ritmo al que ella iría entrando en sus vidas. No la impondría, pero sería firme al hacerles ver que él estaba enamorado de esa mujer, del mismo modo que esperaba con ilusión que llegara el fin de semana que compartía con ellos.

Una circunstancia que en muchas ocasiones se pasa por alto es que estas parejas surgen tras la experiencia del divorcio, por lo que es de esperar que, en caso de no ser satisfactoria, decidan finalizar su relación con mayor rapidez. Por eso, es necesario comenzar el esfuerzo por alcanzar el mejor ajuste desde antes de formalizar la convivencia. La pareja debe estar segura de su relación, antes de plantearse convivir con los hijos o introducirlos en su hogar. Es necesario que hablen de cómo van a encarar la situación, que entiendan que va a haber problemas y que organicen mecanismos y cauces para afrontarlos.

Una estrategia que funciona a la hora de organizar la familia consiste en repartir el tiempo concediendo una parte a cada miembro o grupo de miembros. Un tiempo para jugar o hacer las tareas con los hijos de ambos o los propios, un tiempo para dedicárselo a la relación, un tiempo para llevar a cabo tareas o actividades todos juntos. Los lazos de afecto y relación se determinan no por título, sino por el tiempo compartido y los hechos.

Es también importante dejar muy claro el lugar que ocupa el progenitor no biológico pero que convive diariamente con los niños, tanto por parte de éste como por parte de los hijos. A menudo estos últimos no desean que las nuevas parejas de sus padres se comporten como debería comportarse el progenitor ausente. Aclarar esto es fundamental para el establecimiento de un nuevo marco familiar en el que todos sus miembros conozcan bien su lugar.

Curiosamente, muchas personas descubren lo mucho que su ex pareja puede ayudar a su nueva relación. La implicación del progenitor no custodio en la vida de sus hijos, su asunción de responsabilidades, la toma conjunta de decisiones, son aspectos que juegan a favor de ambos miembros de la pareja rota: para el progenitor no custodio, una buena relación con sus hijos le beneficia en todas las áreas de su vida; pero también ayuda a aumentar la calidad de vida del progenitor custodio y su nueva pareja. Si está bien establecida, los niños no temerán que se rompa su relación con el padre o la madre ausente, o que este último sea sustituido por la nueva pareja. Esto redundará en la calidad y tiempo que el progenitor pueda dedicar a su nueva relación, fortaleciéndola y aumentando sus posibilidades de éxito.

El siguiente paso es formalizar la relación. La pareja pasa a elaborar un nuevo proyecto de vida en común, y la posibilidad de tener hijos sigue abierta. El número de rupturas en segundas nupcias con hijos de la anterior relación se sitúa en torno a la mitad de las uniones. Si nos fijamos en las estadísticas, la mayor parte de ellas ocurren en los dos primeros años. Esto nos indica que las condiciones y el nuevo escenario que se han presentado a la pareja no estaban bien definidos. No ha tenido lugar el trabajo previo al que antes nos referíamos.

En muchas ocasiones uno de los miembros de la pareja no ha convivido jamás con niños pequeños. Para lograr que se habitúe a esto es aconsejable que la pareja comience conviviendo los fines de semana que los niños pasan con su madre o su padre biológico, para pasar posteriormente a compartir periodos más largos, como puentes y vacaciones. Si no se lleva a cabo una fase de adaptación, el choque puede resultar excesivo.

Los conflictos en la nueva pareja surgen principalmente por no saber afrontar los problemas de disciplina y convivencia diaria con los hijos. Para resolver esto se requiere que los miembros de la pareja dejen bien establecido, primero entre ellos y luego frente a los pequeños, cuál será el reparto de responsabilidades en el día a día. La nueva pareja debe tener autoridad y ser apoyada por el otro. El mayor error que puede cometer un padre o una madre es decirle a su pareja en un momento de conflicto: «no te metas» o «es mi hijo, esto no es asunto tuyo». El niño percibirá y repetirá la actitud de desautorización que ha visto en cuanto tenga oportunidad. Si el nuevo miembro de la familia corrige al niño, la madre o el padre biológico de éste debe apoyarle, incluso delegando por completo la responsabilidad si hiciera falta. Para reforzar aún más este apoyo, es muy aconsejable que, si nuevamente hubiera que corregir al niño, el progenitor actúe del mismo modo en que lo hizo su pareja.

Otra de las fuentes básicas de conflicto es la naturaleza y presencia que la relación con la ex pareja tiene en la nueva familia. La pretensión de que el ex cónyuge desaparezca o tenga un papel mínimo en la nueva unión no traerá sino conflictos en el niño y, por extensión, en la pareja. Éste es el mejor momento para recordar que la familia del niño incluye a su otro progenitor, algo que debemos respetar. La nueva pareja debe reflexionar sobre sus emociones y darles salida. Si siente celos o cualquier otro temor, debe hablarlo abiertamente con el otro para, así, disipar sus dudas. Son actitudes naturales, y no debe sentirse culpable. De lo que sí será culpable es de no afrontar adecuadamente sus inquietudes.

Finalmente, el nuevo miembro de la pareja debe tener claro cuál es su lugar en su nueva relación. No debe sentir que no es suficientemente importante para su pareja, ni entrar en comparaciones del afecto y el tiempo que ésta dedica a sus hijos. Si se respeta un tiempo para cada uno, y se entiende que todos lo necesitan, se evitarán esas comparaciones. Pero si surgen estas emociones deben expresarse al otro miembro y resolverse cuanto antes, lo que proporcionará la seguridad necesaria en nuestra relación.

El paso a una nueva realidad familiar tiene como requisito previo que los niños acepten el fin de la anterior. Para esto es básico que se les ayude a comprender lo definitivo de la decisión adoptada por sus padres en el divorcio. Junto a lo anterior, los padres deben esforzarse por que no desarrollen una idea de pérdida, es decir, que no consideren imposible la relación y el disfrute con ambos progenitores, como antes del divorcio. Vuelvo a insistir en que el desarrollo de un apego seguro hacia el progenitor con el que no comparten todo el tiempo es necesario, en tanto que construye su autoestima y desarrolla la autonomía que necesitan para ir aceptando los cambios. En caso contrario, se corre el peligro de que el niño niegue la realidad en la que se ve envuelto. Surgirán entonces los enfrentamientos con la nueva pareja y, en su caso, con sus hermanastros y medio hermanos.

El hijo destronado, que ya no acapara toda la atención de su madre, sufre ante la aparición súbita en la familia de otro niño más pequeño que él, o de hermanastros con quienes debe compartir sus juguetes, el temor de ver mermados la dedicación y el cariño que recibía hasta ese momento. La reacción puede ir contra el nuevo pequeño de la casa o hacia su propio padre o madre. Sin embargo, en ambos casos el origen es idéntico.

La estrategia que mejor funciona frente a esta situación es la utilización de un acercamiento paulatino y constante. Ante la intromisión debemos alentar la invitación a compartir el tiempo y los espacios comunes, con la intensidad y profundidad que el niño desee.

Es importante que nos neguemos a que los niños llamen papá o mamá a la nueva pareja, mientras que tendremos que potenciar el acercamiento emocional a los nuevos hermanos surgidos de la relación actual. La construcción de un clima familiar de apoyo mutuo, basado en la confianza y la seguridad, favorece el respeto y la solidaridad entre los miembros. Estrategias para lograr esto son el juego en común, el otorgamiento de responsabilidades en el hogar o la delegación de las decisiones sobre las actividades comunes que llevará a cabo la familia. Dejar que los nuevos hermanos decidan en común el destino del viaje que hará la familia, qué comida se llevarán o la película que verán esa tarde son tácticas sencillas que fomentarán la cooperación, la complicidad y el trabajo conjunto entre los hermanos.

Si han de compartir habitación hay que tener en cuenta los gustos de todos. Cuando en la habitación que antes era de uno de ellos se hace necesario añadir una cama para el nuevo miembro de la familia, esta situación especial requiere un intenso trabajo previo en el menor, en la dirección de hacerle ver las ventajas que va a traerle el nuevo compañero, con el que podrá jugar y que trae más juguetes y nuevas posibilidades de diversión, lo que compensará de algún modo su pérdida de espacio.

Junto a lo anterior, es fundamental el respeto de una intimidad, de un espacio propio para el niño en el cual pueda situar a su progenitor ausente, sus fotografías o recuerdos y los regalos que éste le haga. Así el niño se sentirá seguro y percibirá el respeto que la nueva familia tiene por la que ha dejado atrás o, sencillamente, ya no reside habitualmente con él.

Los celos entre los hermanos son un problema frecuente. No hacer comparaciones, tratar a cada uno de modo individual, sin paralelismos, y ser conscientes de que cada uno es distinto y tiene sus gustos, junto con el reparto de los afectos y recompensas, constituyen una buena estrategia. En algunas ocasiones es necesario que la madre o padre biológico se tome un poco de tiempo a solas con su hijo, un espacio de exclusividad que no debe ser percibido por los otros como un desprecio, por lo que será responsabilidad del adulto gestionarlo correctamente.

Los niños que no perciban el calor necesario en la nueva estructura familiar tenderán a buscar en la otra figura paterna, habitualmente el padre o la madre ausente, una salida a la situación que no les satisface. Esto puede provocar que amenacen con irse de la familia para lograr sus objetivos. Este chantaje emocional debe ser combatido desde el principio ya que, de no actuar a tiempo, el resto de los hermanos puede aprender la misma táctica y convertir la convivencia en algo imposible.

Otra circunstancia frecuente es que adopten el papel de protectores del progenitor ausente ante sus hermanos más pequeños. La parentalización es la asunción por parte del niño del papel de padre, lo que destruye la estructura relacional de la pareja, rompiendo la línea que separa lo que corresponde a los padres de lo que es terreno de los hijos. En estas situaciones los niños deben tener claros los límites, las normas y quiénes pueden obligar a que se cumplan. Este problema no es sino una respuesta a una situación de la que, sutilmente, los niños se resienten. Si queremos evitarlo los adultos debemos tener cuidado de no delegar nuestras funciones, no caer en la tentación de ser nosotros los niños y evitar, de este modo, que los niños adopten nuestro papel. Un ejemplo claro de esto es cuando los progenitores tratan de dar lástima por su soledad, por los problemas a los que se enfrentan cotidianamente, buscando consuelo en sus hijos, a los que cuentan o permiten ver su propio miedo a la vida.

Finalmente, debemos tener en cuenta las alianzas que pueden surgir dentro de la unidad familiar. Los nuevos hermanos pueden generar subgrupos que se coaliguen para enfrentarse entre ellos o contra uno de los progenitores. Los adultos deben estar atentos a esta situación y tratar de romper estos escenarios mediante actividades que impliquen el trabajo conjunto de miembros de los distintos grupos. Tareas que afecten a la familia, en las que sus miembros estén interesados y que convengan, por unas u otras razones, a todos.

III

SITUACIONES DE RIESGO TRAS EL DIVORCIO

El divorcio es definitivo. El juez ha establecido el régimen de custodia de los hijos, repartido los bienes y disuelto el vínculo legal. Ambos padres comienzan otra etapa de sus vidas, ajustándose a los escenarios que les marca la ruptura. Surgen nuevas relaciones, incluso una nueva pareja, que les llena de ilusión y despierta emociones que creían olvidadas. Los niños retoman el día a día, consiguiendo que pronto la nueva situación sea lo natural. Saben dónde están, dónde se encuentran sus padres, y exploran las nuevas posibilidades que les ofrecen sus dos casas, en las que sus dos progenitores siguen con sus vidas. Sin embargo, aún pueden surgir distintas situaciones que vendrán a complicar la vida de los afectados.

15

EL INDIVIDUO EN CONFLICTO

Nietzsche afirmó que la mentira era necesaria para la vida. Para entender por qué muchos sujetos llevan el conflicto más allá de la ruptura de la pareja, debemos remontarnos al conocimiento de nuestra propia organización como individuos.

Todo ser tiene un espacio íntimo. Un lugar que se pone a salvo de la observación exterior, del comentario y de la opinión de los otros. En él se ubican nuestros asientos como sujetos, entre los que se encuentra todo aquello que podría ofrecer a los demás una imagen negativa de nosotros mismos. Aunque se le intente obligar, el sujeto se limitará a exponer o describir ese espacio, pero no lo mostrará, ni permitirá que otros entren en él para examinarlo por sus propios medios. Por tanto, debemos partir de que nadie puede llegar a conocer totalmente al otro.

Si damos confianza a una persona, por ejemplo comentándole nuestros deseos o aspiraciones, estamos cediendo parte de nuestro espacio íntimo. Le dejamos de algún modo que entre y observe, que conozca y, por tanto, pueda calificar. Sin embargo, esto no deja de ser algo muy limitado. El sujeto, con intención de mantener su propio equilibrio, los pilares básicos de su autoestima y creencia de sí, no va a permitir que nadie pase y observe cada rincón. El alcance de la confianza, aunque sea extrema, no puede ser nunca completa. Esto implica que la persona con quien nos relacionamos tiene un área propia, no compartida y sobre la que no podemos conocer nada con certeza, sino bajo suposiciones.

En una relación de pareja, el individuo abre parte de su espacio íntimo al otro. Le permite observar su desnudez, le habla de sus miedos y aspiraciones. Es decir, aumenta el área de conocimiento que sobre él tiene el otro. De esta forma el espacio íntimo de uno se reduce ante el otro miembro de la pareja. Al permitir esto, diferenciamos a esta persona del resto de sujetos con los que nos relacionamos. Nadie como él conoce nuestra intimidad.

Una consecuencia inmediata es que esto genera un aumento de la confianza entre los miembros de la pareja, en tanto que estas acciones son llevadas a cabo por ambos miembros de un modo recíproco. *Sabes cómo soy* —al menos más que los demás, ya que el conocimiento total no puede alcanzarse— *y espero que este conocimiento nos acerque más, te capacite para satisfacer mis propios deseos o te permita conocer qué necesito en cada momento*. Lo anterior es una suerte de posesión del otro. Al conocerlo, la pareja cree disponer de mayor información para influir sobre él. De igual modo el otro miembro, al obtener un mayor conocimiento de su pareja, disfrutará de mayores posibilidades de afectarle.

Un segundo elemento de la relación establecida es su dinamismo, ya que no queda en el mero intercambio de información. Como consecuencia natural, la relación de pareja construye pactos, de forma explícita —como la promesa de fidelidad mutua— o implícita —en la que podemos incluir la fórmula «esto te lo cuento a ti, pero no tienes permiso para contárselo a nadie más».

Es sencillamente imposible definir un tipo o prototipo único de sujeto que, tras el divorcio, tenga tendencia a plantear un escenario de conflicto y denuncia contra el otro. Sin embargo, sí podemos hablar de ciertos rasgos de personalidad, que incluso pueden observarse desde el primer momento del noviazgo, y que nos van a orientar en su caracterización. Ciertos rasgos que afectan a todo lo dicho hasta este momento, y generan una herida narcisista difícil de superar.

La suspicacia, es decir, la inclinación al recelo y la sospecha, y la dificultad para establecer lazos de confianza con otros sujetos, es el primero que podemos recoger. Este rasgo es propio de una persona retraída, que considera que todos quieren aprovecharse de ella, que tienen *segundas intenciones*, y suele darse por aludida ante comentarios que cualquier otra persona en su situación valoraría como triviales. Son aquellos que ven en todo una amenaza, y cuya máxima aspiración es averiguar en qué consiste para poder defenderse o, incluso, adelantarse a la agresión. Si son alabados creen que están siendo objeto de ironía; si consideran que no se les reconocen suficientemente sus méritos, es que se les minusvalora.

Luis valoraba cada conquista de su hijo mayor como una muestra de la debilidad de carácter de Silvia. Si su hijo le comentaba lo bien que se lo había pasado en el campamento de verano, Luis entendía que su mujer le empujaba a asumir el papel de malo delante de ellos, ya que él se había mostrado en desacuerdo a que fuera. No quería entender lo importante que para su hijo de 13 años era haber dormido por primera vez fuera de las casas de sus padres. Luis lo analizaba de otra forma; para él su mujer había buscado una excusa perfecta para enfrentarle a su hijo.

Otro grupo de rasgos de personalidad es el de la rigidez intelectual, el autoritarismo o la falta de flexibilidad. Las personas con estos rasgos pretenden imponer sus puntos de vista. En ocasiones no tanto con afán de dominar como porque están constreñidas en un esquema de pensamiento que les impide ver alternativas. Junto a ello padecen de un fuerte déficit en su capacidad empática, es decir, carencias en la habilidad de ponerse en el lugar del otro, lo que les lleva incluso al retraimiento, el aislamiento y el rechazo del entorno social. Estos rasgos corresponden a una persona dura, estricta, poco flexible, con la que es difícil hablar sobre aquellos temas en los que se muestra especialmente sensible, no sólo porque no acepta otros puntos de vista, sino porque considerará los argumentos ofrecidos como un ataque directo a su persona. Son sujetos que, en el entorno que ellos juzgan hostil, buscarán refugio en su familia más próxima —por ejemplo sus padres—, y apartarán a todos aquellos que no entren en el grupo de los que son de su opinión.

Marta no dejaba de dar instrucciones a Antonio cuando éste recogía a su bebé el fin de semana. Le escribía notas con las indicaciones de cómo hacer los biberones, cómo ponerle la crema, o qué ropa debía llevar según el pronóstico del tiempo que había escuchado en la previsión meteorológica. Antonio sabía que si alguna vez le contestaba que era él quien se había encargado de los biberones hasta que se separaron, la discusión sería inevitable. Había aprendido que era mejor cogerlo todo y salir de allí cuanto antes. Aunque ya llevaran casi un año divorciados, y él había demostrado que podía encargarse de su hija sin problemas, la idea que su mujer tenía de su capacidad como padre no había cambiado nada.

Todo lo anterior define a un sujeto con fuertes carencias en su autoestima. Su construcción como persona es débil. El sujeto reconoce esa insuficiencia, aunque no será capaz de asumirla ni enfrentarse a ella. Buscará en el conflicto una forma de justificación de sus carencias, de sus debilidades y miserias.

El mundo según el individuo en conflicto

Una vez el sujeto entra en la creencia de que debe defenderse del otro, comienza su labor de construir un mundo que abrigue sus ideas. La persona ofendida, que siente la ruptura de la pareja como una frustración, que alberga deseos de pasar factura o piensa que ha sido engañada, comienza un proceso de evaluación del mundo que la rodea en el que buscará sustento para sus tesis. Si el mundo no se ajusta a sus necesidades lo interpretará, es decir, cometerá errores en sus valoraciones, pero siempre errores útiles. Desde ese momento pasará de creer a saber, a estar convencida, comenzando la misión de convencer a los que la rodean.

El andamiaje de creencias que elabora se convierte en el sostén fundamental de su equilibrio interno y definirá la forma en la que se relacione con el exterior. No inventará hechos tanto como los reinterpretará a su conveniencia, convirtiendo sus creencias personales en evidencias tangibles. El individuo observará su alrededor para, inmediatamente, comenzar a deformar la realidad. Lo que para un observador externo es un gesto, él lo describirá como una agresión.

Esta persona construye una «doble distorsión». En su relación con el mundo primero selecciona y luego interpreta exclusivamente lo seleccionado, dejando de lado aquello que no conviene a sus intereses. A partir de ahí construye el mundo y lo interpreta, plasmando en él emociones, creencias, aspiraciones y valores. Si una persona externa le demuestra lo deformado o irreal de su afirmación, el sujeto hará valer todo su entramado de razones, justificaciones y verdades para mantener su verdad íntima, por lo que se convierte en impermeable a la realidad.

RELACIONES PERSONALES DEL SUJETO EN CONFLICTO

Es realmente interesante observar cómo las relaciones que este tipo de personas establece con los sujetos de su entorno adquieren un carácter marcadamente utilitarista. No quiere esto decir que con anterioridad no lo tuvieran, sino que ahora podrá verse de modo más claro. Es muy frecuente que dividan a las personas que les rodean en dos grupos, calificándolos de modo simplista como aquellos que les *apoyan* y aquellos que les *agreden*.

Aquellos que les apoyan les serán útiles, puesto que podrán influir en ellos, utilizarlos para sus fines o recibir refuerzo social en sus comentarios y compañía. En tanto dejen de ser útiles, es decir, de estar a su favor, de darle aquello que les pidieron, estas personas pasarán al lado opuesto, al del rechazo más feroz, de la descalificación o, incluso, de la agresión y la amenaza, todo ello acompañado de acusaciones de traición y deslealtad. El otro bando, el formado por todos aquellos que les son fieles, será exaltado, sus opiniones se considerarán convenientes y su compañía adecuada.

La persona en conflicto no está incapacitada para establecer nuevas relaciones sociales o hablar de multitud de temas de su interés. La aparición aguda de los comportamientos descritos arriba se circunscribe al conflicto, a su relación con su ex, sin que parezca contaminar el resto de las áreas vitales en las que interviene. De esta forma para el resto de su entorno aparece como una persona eficiente, adaptada socialmente, incapaz de provocar o denunciar de modo oportunista, sin razón o fundamento.

A Ana le sorprende que Álvaro pueda seguir viendo a los amigos comunes del matrimonio, que conocen perfectamente el chantaje emocional al que está sometiendo al hijo de ambos para que se vaya a vivir con él, sin que ello parezca afectarle en nada. Nunca trata el tema de su divorcio, y si alguien comenta algo sobre cómo se encuentra el pequeño Álvaro rápidamente cambia de conversación con gran habilidad. Los amigos no quieren meterse en sus problemas, por eso prefieren seguir tratándolos, aunque Ana cada vez está más incómoda con ellos. Piensa que su actitud favorece a Álvaro, ya que nadie se planta ante él ni le recrimina el daño que está haciendo con su postura.

En aquellos en los que no aparece la dicotomía anterior podemos observar cómo se esfuerzan en ocultar o mantener alejado de la mirada de los demás su espacio íntimo. Con anterioridad definimos este concepto como el espacio que se protege de la observación exterior, del comentario y la opinión de los otros, en el que se ubican nuestros asientos como sujetos, entre los que se encuentra todo aquello que podría ofrecer una imagen negativa de nosotros mismos hacia el exterior. De esta forma, si alguien pretende penetrar ese lugar se encontrará frontalmente con el rechazo o la conducta de evitación, en un intento de eludir miradas indiscretas.

Esta estrategia tiene una doble intención. Se busca evitar tanto la penetración desde el exterior como la huida de cualquier objeto que se halle en ese espacio. El sujeto conflictivo no quiere que alguien se pueda plantear dudas ante la observación de contradicciones entre lo que dice y lo que hace.

La única manera que tiene el observador exterior de hacerse con la personalidad de este sujeto es limitarse a lo que ve y escucha de él. De esta forma pensará que lo conoce bien, incluso que ha alcanzado una relación íntima, cuando la realidad es que ignora el fondo de sus intenciones. Al descubrirse con posterioridad el engaño, estas personas se mostrarán atónitas ante el fraude, ante el comportamiento —que ellos calificarán de increíble— del sujeto que creían conocer acertadamente.

Luis siempre había sido calificado por sus amigos de reservado, incluso raro. No le gustaba hablar de sus padres. Evitaba comentar temas como su servicio militar, la época de la universidad o su etapa como vendedor de muebles. Cada vez que una amiga le preguntaba dónde se había criado contestaba lacónicamente, pasando inmediatamente a otro tema. En una ocasión en la que él faltó a la reunión, sus amigos se dieron cuenta que todo lo que sabían sobre su vida era vago e impreciso; nadie sabía muy bien cómo había transcurrido su vida antes de conocerle.

La raíz de todo lo anterior se encuentra en nuestra manera de calificar al otro y, con ello, de querer entenderle. Habitualmente decimos que nuestro compañero de trabajo es un *aprovechado*, que nuestros amigos son *sinceros* o que nuestra cuñada es *insoportable*. Calificamos el todo por la parte, utilizando aquello que consideramos más relevante del sujeto al que pretendemos definir. Sin embargo, esto provoca una gran limitación a la hora de definir a un sujeto. Ni tan siquiera una piedra puede ser calificada con un solo adjetivo, por lo que mucho menos un ser humano.

La resistencia al cambio es la gran característica de las etiquetas que otorgamos a un sujeto. Si él es un *golfo pero simpático* y ella una *mandona aunque muy cumplidora*, es difícil que cambiemos nuestro punto de vista, aunque tengamos oportunidades para ello. Preferimos seguir con nuestro error a rectificar o ajustarlo a la realidad.

El camino para alcanzar el estado en el que el sujeto plantea la situación de conflicto puede ser progresivo, llegando paulatinamente desde la fase previa, o, con menor frecuencia, de aparición brusca. Lo habitual es que vaya construyéndose hasta que, en un momento determinado, dé la cara de forma violenta.

La construcción progresiva supone la elaboración paulatina de argumentos que justifiquen el comportamiento conflictivo. La mujer se puede sentir molesta, o directamente agredida, ante la aparición de una nueva pareja en la vida de su ex que, para mayor amenaza, establece una buena relación con su hijo. Esto puede llevarla a interferir en el régimen de visitas, alegando cualquier excusa. El hombre puede sentirse herido en su orgullo ante la venida de un nuevo hijo, hermano del suyo, en la nueva pareja que su ex ha construido.

La irrupción violenta de este comportamiento del sujeto suele venir aparejada a condicionantes sociales que ayudan al individuo a *dar el paso*. Un ejemplo de ello puede ser un abogado cuyo perfil sea muy litigante, al que poco importan los medios con tal de conseguir el fin perseguido, o bien un psicólogo oportunista que, tras una valoración inadecuada, incline al cliente a pensar en la posibilidad de la existencia de abusos en el hijo por parte del otro miembro de la pareja. Debemos centrarnos en el motivo del conflicto, y plantearnos cuál es su utilidad.

Los motivos del conflicto son tan diversos como los sujetos implicados en él. Si tuviéramos que poner un orden en el caso concreto de las separaciones contenciosas podríamos hablar de venganza, de intereses económicos y de la elaboración de las inferencias irracionales antes descritas. Sin embargo, el camino que sigue no muestra tanta diversidad. Para ilustrar esto tomaremos un dilema ético al estilo de los que Aristóteles planteaba a sus discípulos. Un mercader cruza un valle, encabezando una caravana formada por decenas de asnos. Sobre sus esforzados lomos transporta un soberbio cargamento de telas de damasco y sedas orientales. Cuando alcanza el centro de la planicie observa a lo lejos que una gran partida de bandidos viene corriendo hacia ellos. En pocos minutos oye los cascos de sus caballos y el temor se apodera de él. Sabe perfectamente que si los apresan no dejarán a nadie con vida. El mercader mira a sus siervos, que aún no se han percatado del peligro, y se plantea dejar la mercancía y así intentar salir huyendo. Al abandonar la mercancía, los ladrones no tendrán tanto interés en perseguirles y podrán salvar todos la vida. Sin embargo, duda un instante. Llevan armas escondidas y ellos son mucho más numerosos que los bandidos. Podrían hacerles frente, aun a riesgo de que muchos de sus hombres perdieran la vida, pero tendrían una oportunidad de salvar la mercancía en la que ha invertido toda su fortuna. Lo que nos muestra este ejemplo es que, una vez tomada una decisión, el mercader no será libre de volver atrás, sino que tendrá que afrontar el camino elegido y sus consecuencias.

En el tema del divorcio las personas son libres de interpretar que los gestos de su ex pareja son agresivos y tienen la intención de intimidarles, o bien, pensar que son su forma habitual de comportarse o tal vez la lógica consecuencia de un mal día de trabajo; sin embargo, una vez hayan llevado a cabo su decisión, ya no son libres de las consecuencias que la asunción de dicha alternativa traerá en su relación con su ex pareja. Cada acto que realizan recorta su libertad en los futuros actos encadenados que lleven a cabo en relación con el mismo tema. Les encauza hacia algún lugar, con una fuerza que, en algún momento, seguramente ya no lograrán controlar.

Tomemos otro ejemplo. Una mujer no deja que su hijo vea ese fin de semana a su padre, del cual se ha divorciado recientemente. El niño tiene unas décimas de fiebre; la madre considera que el padre es demasiado permisivo y que no cuidará de él como a ella le gustaría. A resultas de esa acción es razonable que reciba una desagradable llamada de su ex pareja, en la que ésta le recriminará su actitud. Tal vez el padre decida denunciarla, razonando que está interfiriendo en su régimen de visitas. Sea cual sea la decisión del hombre, el camino comienza a trazarse y la espiral de enfrentamientos no acaba sino de empezar.

Habitualmente, estas decisiones son consideradas por los juzgados y tribunales como problemas sin importancia. No suelen tener mayores consecuencias; incluso muchos fiscales las justifican, razonando que están protegiendo el superior interés del menor. Sin embargo, no resulta difícil entender que son actos en libertad, acciones tomadas unilateralmente que afectan a los derechos de terceros. Veamos qué ocurre psicológicamente. Puede que la madre se convenza a sí misma de lo acertado de su acción. En su interior no surgirá ningún tipo de disonancia, ningún escozor por la opción tomada. Pero también puede que sienta cierto *remordimiento*, es decir, cierto desconsuelo consigo misma por haber empleado mal su libertad de decisión. Su yo estaría entonces en peligro. Su imagen de buena madre, cuidadora y tutora de su hijo podría verse afectada. La forma más fácil de solventar este problema es *desplazarlo*, es decir, sacarlo fuera de uno mismo. El razonamiento que ahora se elabora es «me he visto obligada a hacerlo por su culpa». Un argumento de este tipo devuelve la calma al individuo y le permite seguir aceptándose y continuar su camino.

16

El momento del relevo
del progenitor

Todo lo anterior tiene más probabilidades de surgir cuando el hijo pasa de un progenitor a otro. El momento del relevo es fuente continua de denuncias, amenazas y provocaciones. Tanto es así que hace más de una década que en muchos países se crearon los Puntos de Encuentro u Hogares de Convivencia, a cuya explicación hemos dedicado un apartado.

Desde el año 2006 distintos juzgados de familia han adoptado cambios sustanciales en el modelo de régimen de visitas que venían aplicando. Junto con la ampliación de varios días entre semana para el progenitor no custodio se ha incluido la indicación de que las recogidas y entregas se lleven a cabo en el centro escolar durante el periodo lectivo. Los profesionales habíamos observado que el mayor porcentaje de denuncias ante el juzgado se producían en los momentos del relevo, por lo que comenzamos a introducir en nuestros informes esta recomendación. Los resultados han sido excelentes ya que, en la mayor parte de los casos —incluidos los divorcios contenciosos más enconados— la conflictividad disminuyó sustancialmente, lo que logró descargar de trabajo al juzgado y mejorar considerablemente la calidad de vida de los menores afectados.

En los individuos que viven el conflicto, el relevo es un momento ideal para trasladar a sus hijos sus emociones más íntimas. Expresiones como «No tengas miedo, cariño, sólo son dos horas y luego volverás a casa» o «Tienes el teléfono encendido. Si pasa algo llamas a la policía» son habituales en estas situaciones. En otros casos se producen despedidas melodramáticas, en las que no se dice una palabra pero el menor es abrazado con fuerza, tal vez por la madre, la nueva pareja, los abuelos y una tía que ha decidido acompañarles, todos con caras desencajadas y gestos tensos. La intención siempre es trasladar al menor sus sentimientos, la tristeza de no poder «protegerles», de que tengan que irse con su otro progenitor, obligados cruelmente por una decisión judicial contra la que no pueden hacer nada.

17

LA UTILIZACIÓN DE LOS HIJOS

Cuando ya nada nos une, los hijos son la única munición que nos queda para resolver los conflictos emocionales con la ex pareja. Si a esta observación sumamos las ganancias secundarias que arrastra tener la custodia de los hijos —vivienda y pensiones—, podemos hacernos una idea muy clara del peligro que corren los más pequeños.

Existen muchas formas de maltratar a los hijos, una vez producido el divorcio. En ocasiones los niños son usados como *mensajeros*. Los padres, incapaces de ejercer el papel y las responsabilidades que por su edad les corresponden, encargan a sus hijos que comuniquen sus propias necesidades, cargadas de emociones negativas, a su otro progenitor. «Dice mamá que me compres unas zapatillas nuevas», o «Dice papá que el bautizo del primo es el domingo y tengo que venir dos horas antes». El niño, atrapado entre la obligación y el amor que siente por sus padres, se ve empujado a tomar partido en aquellos temas en los que no tiene ninguna responsabilidad. En ocasiones, estos mensajes no se expresan claramente, lo que obliga al niño a tener que decidir cuándo son de aplicación: «Como tu padre te vuelva a traer tarde, el domingo que viene no te vas con él». A partir de ese momento el niño temerá encontrarse en esa situación. Cuando vuelva a estar con su padre se mantendrá atento a que no se vuelva a producir el hecho, lo que le impedirá comportarse de forma natural y disfrutar de la relación con su progenitor. Si su padre se entretiene, el pequeño comenzará a temer que se cumpla la amenaza, respondiendo emocionalmente a ese temor e insistiendo a su padre para que vayan más deprisa a la casa materna.

Con más frecuencia de la que imaginamos los hijos son usados como *terapeutas*. El progenitor les cuenta —de manera más o menos abierta— sus miedos, la frustración que le ha provocado la ruptura, lo cansado que está por tener que encargarse ahora de la casa, el trabajo y su cuidado en solitario. En los casos más extremos hablan abiertamente de que lo han dado todo por ellos, sacrificando sus carreras profesionales o sus aspiraciones personales por cuidarlos. Esta escena, sustentada en los valores sociales, se hace especialmente presente en las mujeres, y genera un discurso victimista a raíz del cual el niño asume la culpa de que su madre se encuentre así. El menor crece sintiéndose emocionalmente en deuda, con una carga que jamás podrá satisfacer, educándose como individuo lastrado que buscará siempre compensar el sacrificio que hicieron por él.

A veces los menores son hijos *espías*, al servicio de uno de sus progenitores. Su misión es informar sobre la vida del otro y averiguar si tiene nueva pareja, cómo le van los negocios o si pretende iniciar un nuevo procedimiento judicial. El extremo de este comportamiento es encargar a los niños que obtengan documentos que puedan ser aprovechables para el otro progenitor. En muchas ocasiones los padres creen que llevan a cabo esta labor sin que sus hijos se den cuenta. A la vuelta de un fin de semana le preguntan si su padre sigue con el mismo coche, si su madre tiene un amigo que ve más frecuentemente o si el nuevo amigo de mamá es más divertido que él. Esto es totalmente inconveniente y provoca que el niño se encuentre en situaciones de las que le resulta difícil librarse.

Cuando el niño vuelve el domingo a casa, la abuela le pregunta qué ha hecho ese fin de semana. El pequeño, que ha aprendido que es conveniente permanecer callado y dar las menos explicaciones posibles, contesta con una sonrisa que ha estado con sus primos en su casa de campo. La abuela no piensa que ha hecho calor durante el fin de semana y que su nieto ha debido de estar metido en la piscina a todas horas, jugando con primos de su edad. El comentario que hace es: «Tu madre siempre encuentra una buena excusa para no encargarse de ti».

LAS REACCIONES PSICOSOMÁTICAS DE LOS NIÑOS

Todas las situaciones que hemos descrito tienen un pago en la salud psicológica y física de los niños. Sólo recientemente los pediatras han comenzado a tener en cuenta esta problemática, prestando atención a las situaciones que hemos dejado recogidas. Fruto de ello es la cada vez mayor demanda de profesionales de la psicología de familia, con la intención de conocer las circunstancias que rodean los divorcios y evaluar las consecuencias físicas y psicológicas que tienen para los pequeños.

En el ámbito físico, los cuadros más habituales de malestar en el menor son la presencia de problemas de sueño, conductas disruptivas, dolores de cabeza, descomposición de estómago, dolor abdominal y agudización de problemas respiratorios previos. Paralelamente, los profesionales han de estar muy atentos a aquellas situaciones en las que uno de los progenitores quiera utilizar estos síntomas como excusa para interferir en las relaciones del otro con sus hijos. De esta forma, llegado el viernes se suceden las visitas al pediatra con la petición de que le firme un documento en el que quede recogido que los problemas de salud del niño le impiden salir de casa. Las visitas del lunes suelen tener un carácter distinto. Aquí lo que se pide al médico es que valore las presuntas alteraciones que se han producido en el ánimo del niño, como consecuencia de haber estado el fin de semana con el progenitor con el que habitualmente no convive.

Es muy importante que los pediatras tengan en cuenta que esa documentación podía ser utilizada para deteriorar los vínculos emocionales del niño con uno de sus progenitores y que, si hiciera falta, será aportada al juzgado para avalar la decisión de no dejarle ver al menor. Deben distinguir muy claramente, así como considerarlo a la hora de llevar a cabo su diagnóstico, qué es lo que dice el padre que le pasa al niño y qué observa él como especialista en la materia. En un documento por escrito, que tiene la virtud de convertirse en pieza de convicción cuando es aportado a un procedimiento judicial, el médico debe dejar recogida esta diferencia claramente, so pena de que él mismo se vea en el aprieto de ser demandado por el otro progenitor, al considerar que ha visto vulnerados sus derechos debido a su actuación.

18

Los incumplimientos de las visitas

Cuando en el apartado dedicado al régimen de visitas afirmamos que muchos progenitores adoptaban el papel de guardianes de sus hijos, más que de cuidadores o educadores, queríamos reflejar una realidad que genera el mayor número de demandas en los juzgados de familia, por encima de los incumplimientos en el pago de pensiones o cualquier otro tema relacionado. Los progenitores que ejercen este papel suelen interpretar a su antojo las sentencias y acuerdos establecidos, en una postura de continua amenaza que provoca, en el mejor de los casos, la interposición de un reguero de demandas continuas por parte del otro progenitor, que ve cómo sus derechos y los de sus hijos se ven vulnerados.

Lo habitual en estas circunstancias es que estos sujetos no permitan el contacto del progenitor que sale del hogar con sus hijos hasta que no exista sentencia judicial firme. Una vez que esta sentencia es emitida por el juzgado, el progenitor empieza por entorpecer las llamadas telefónicas y poner excusas con las que pretende justificar que los niños no pueden salir ese fin de semana o esa tarde con el otro.

El proceso de interferencia va aumentando en intensidad. Uno de los progenitores, que pretende entorpecer la normal relación del niño con el otro, busca apuntar a éste a tareas extraescolares que coincidan con el tiempo que la sentencia recogía como correspondiente al otro progenitor. Si éste no quiere llevarlo a esas actividades, el que busca entorpecer puede mostrarse contrariado, alegando delante del niño que su padre o su madre «no se preocupa por su educación».

Como hemos comentado en el apartado anterior, en otras ocasiones el padre o la madre puede recurrir a cualquier profesional que sirva como justificación para apoyar su negativa. El progenitor, deseoso de ver a su hijo, se encuentra en la disyuntiva de velar por él y creer lo que le dicen o anteponer su derecho. Sólo cuando esta estrategia se repite habitualmente los padres se inclinan por la segunda opción.

Es interesante cómo el grado de sutileza puede llegar a construir estrategias muy difíciles de detectar. En un caso descubrimos que una madre ponía a su hija de meses un atuendo que le producía picores. El padre recogía a su hija siempre llorando, lo que la madre aprovechaba para recriminarle, con todo tipo de ataques, el dolor que estaba produciendo a su hija. A veces estas estrategias alcanzan grados de perversión difícilmente superables. En una ocasión una madre me hizo llegar el siguiente comentario que su hijo le había dirigido cuando fue a recogerlo para pasar con él el fin de semana: «¡Papá me iba a llevar la semana que viene a Disney World! Pero claro, como te empeñas en que te tocaba estar conmigo...».

El padre o la madre que se vea ante esta situación debe actuar con rapidez y denunciar los hechos. El objetivo que se busca es deteriorar el vínculo afectivo y dañar su imagen ante sus hijos. A poco que se permita, esta situación empeorará, y ésta es una variable predictiva para los profesionales, ya que indica la futura presencia de escenarios de interferencia mucho más graves.

19

Las denuncias falsas
de abusos sexuales y malos tratos

El escalón siguiente en la búsqueda de interferir en la relación entre el menor y su progenitor es la construcción de denuncias de malos tratos y abusos sexuales. Desde los años sesenta ha ido creciendo la sensibilidad de la sociedad hacia el grave problema de los abusos sexuales. En respuesta a esto, en enero de 1974 el presidente de Estados Unidos Richard Nixon firmó la Ley para la Prevención y Tratamiento del Abuso de los Niños (CAPTA en sus siglas en inglés), con la que se daba respuesta a un problema que hasta ese momento no había sido abordado con valentía. Desafortunadamente, la situación fue prontamente aprovechada por personas que, al amparo de la comprensión social de la necesidad de luchar contra esta amenaza, utilizaron falsas alegaciones de abusos sexuales en su divorcio para romper el vínculo entre el otro progenitor y sus hijos. De esta forma pronto salieron a la luz autores que establecieron tipologías de progenitores susceptibles de llevar a cabo acusaciones falsas de delitos sexuales (Blush y Ross, 1987), mientras que otros señalaban que éstas podrían ser una estrategia para entorpecer la relación de los hijos con sus padres.

Paralelamente a lo recogido por diversos autores en Estados Unidos y Europa, en España se ha producido un aumento significativo de la utilización de esta estrategia en los divorcios contenciosos. Si atendemos a las cifras marcadas por distintas instituciones de medicina forense, servicios hospitalarios especializados y profesionales de la psicología de distintos puntos del país, el número de alegaciones de abusos sexuales falsas, dentro del ámbito del divorcio contencioso, se mueve entre el 60 y el 80 por ciento de los casos.

La frecuencia con que se recurre a esta estrategia se justifica por varias razones. La presentación de una denuncia provoca la suspensión cautelar del régimen de visitas, y se inicia la instrucción del procedimiento, algo que, en función de la carga de trabajo del juzgado, puede abarcar de unos pocos meses a varios años. Su valoración es difícil, y requiere profesionales especializados con los que en muchas ocasiones no se cuenta. Comprobada la falsedad de la alegación, ésta raramente genera consecuencias legales o de cualquier tipo para el denunciante. Es frecuente que el propio ministerio fiscal justifique el comportamiento, alegando que el progenitor únicamente estaba velando por el interés de sus hijos.

El trabajo diario en procesos de familia permite que los profesionales percibamos ciertos patrones o modos de hacer que provocan lo que he denominado *efecto Casandra*, haciendo referencia a que los peritos psicólogos llegábamos a *profetizar*, con una tasa elevada de aciertos, cuándo se iba a presentar la denuncia por abusos sexuales.

Las graves consecuencias que para un menor tiene verse sometido sin necesidad a una evaluación médica, psicológica, a declaraciones repetidas ante la policía, el juzgado o los servicios sociales, debe hacernos reflexionar sobre la gravedad de lo que aquí estamos diciendo.

20

La manipulación de los hijos para que odien al otro progenitor: el Síndrome de Alienación Parental

El Síndrome de Alienación Parental (SAP) es una alteración del comportamiento del menor, resultado del proceso por el cual un progenitor transforma la conciencia de sus hijos, mediante distintas estrategias, con el objeto de impedir, obstaculizar o destruir sus vínculos con el otro progenitor, hasta lograr que no desee tener contacto con él.

La literatura forense definió este problema por primera vez a mediados de los años ochenta, ubicándolo en los procesos de divorcio conflictivo. Conforme su uso se ha ido generalizando, el estudio de esta alteración del comportamiento ha provocado la extensión de la clasificación inicial y ampliando los escenarios de su aparición más allá del momento del divorcio. En ese sentido, el SAP puede presentarse en los menores antes del divorcio o dos años después de haber tenido éste lugar, y puede ser provocado por personas distintas de los cónyuges. Tras cientos de reseñas bibliográficas y varios miles de casos recogidos en distintos estudios a lo largo y ancho de los países que acogen el divorcio en su ordenamiento jurídico, se han documentado casos de SAP en los menores cuando, tras varios años de divorcio sin incidencias, uno de los padres decide casarse; de igual modo, no son pocos ya los casos de hijos alienados, que han llegado a la convicción de que su padre es una amenaza gracias a la inculcación maliciosa que la abuela materna ha llevado a cabo.

Los criterios para identificar si un niño está sufriendo SAP son: los menores, apoyados por la madre o el padre alienador, inician una *campaña de injurias y desaprobación* hacia el otro progenitor, a través de la cual expresan su rechazo, odio o temor hacia él. Cuando pretenden argumentar su actitud, utilizan *explicaciones triviales para justificar la campaña de desacreditación*, razones que exponen fríamente, en muchas ocasiones de modo estereotipado y sin lógica. El menor construye un mundo dicotómico, de bueno y malo, en el que se da *una ausencia de ambivalencia hacia el progenitor* rechazado, del que no cabe esperar nada bueno y al que se considerará culpable de cualquier prejuicio que le acontezca. El menor piensa que ha llegado a esta situación movido por su *autonomía de pensamiento*, es decir, sin influencia externa, únicamente como decisión lógica y propia tras sus experiencias vividas. Si se produce cualquier ataque, venga de donde venga, hacia el progenitor al que está unido, el menor llevará a cabo una *defensa del progenitor alienador*. Los menores que manifiestan este comportamiento muestran una *ausencia de culpa* ante los sentimientos del padre o la madre rechazado, que les permite su explotación emocional y económica. En su discurso, el niño utiliza *escenarios prestados* en sus expresiones, que consisten en situaciones, pasajes, conversaciones y términos que expresa como propios o vividos en primera persona, aun cuando jamás hubiera estado presente cuando ocurrieron o resulten incoherentes con su edad. Finalmente, se produce una *extensión del odio al entorno del progenitor alienado*, que provoca en el niño un rechazo extensible también a la abuela, los tíos y primos de la familia del progenitor rechazado.

En los últimos años la incidencia y detección del SAP está aumentando en los procesos de divorcio. Sus consecuencias a largo plazo son muy serias. Los adultos que sufrieron SAP en su infancia presentan, entre otras secuelas, diagnósticos de ansiedad y depresión que arrastran durante gran parte de su vida adulta, historias personales de fracaso en sus relaciones sociales, y especialmente, en sus relaciones de pareja, con una alta probabilidad de repetición del modelo de crianza en el que crecieron. En el caso de las mujeres, muchas de ellas, en su anhelo por salir de un clima familiar opresor y hostil, buscan relaciones de pareja a las que se unen de forma sumisa, con lo que la probabilidad de sufrir de nuevo violencia familiar aumenta considerablemente.

Al ser un proceso psicológico que va elaborándose con el tiempo, la intervención para evitar su desarrollo, cuando se encuentra en su fase leve, pasa por la actuación con la familia, en la dirección de hacer entender a sus miembros la importancia de ambos progenitores en la vida de sus hijos y propiciar las condiciones para que los distintos miembros puedan ejercer sus funciones con garantías. En las fases moderada y severa la única respuesta que ha dado resultados en un porcentaje elevado ha sido el cambio de custodia del menor, que pasa entonces a manos del otro progenitor. La experiencia nos ha demostrado que las consecuencias para estos niños son muy positivas, y se presentan prácticamente desde el mismo instante en que se produce el cambio, debido a la liberación que sienten del acoso psicológico al que han estado sometidos.

21

LA MALA EDUCACIÓN

Sin llegar a extremos como el SAP, cada vez con más frecuencia se está haciendo evidente el deterioro en la educación de los hijos que, sin ser una patología o llegar a constituir trastorno de comportamiento, sí tiene una alta incidencia en la construcción de su personalidad futura. Padres agotados, aislados o incomunicados tras el divorcio, que llegan cansados a su hogar y permiten a sus hijos comportamientos que ellos jamás hubieran llevado a cabo ante sus progenitores o con sus propios compañeros de trabajo; padres culpables que regalan creyendo que compran el afecto, debido al poco tiempo de que disponen; o simplemente padres despreocupados y cómodos que han olvidado que educar es decir no, están creando niños mal educados.

Hasta hace poco, los comportamientos delictivos de los menores eran propios de adolescentes. Hoy ya no nos sorprende encontrarnos con episodios de violencia escolar cuyos protagonistas son menores que no han alcanzado la pubertad. En la sociedad existe el mito de que los comportamientos de delincuencia de la infancia y juventud son resultado de familias desestructuradas, padres incompetentes con baja formación y con trabajos de baja cualificación. La realidad que nos muestran los noticiarios es muy distinta. Palizas o vejaciones por grupos de menores a otro menor se producen en colegios de barrios marginales, pero también en centros privados de élite.

Sin negar la importancia de la biología, que determina parte de la expresión de la personalidad del niño, hay que destacar distintas variables que hacen más vulnerables a los menores frente a las situaciones de riesgo. La falta de inculcación, por parte de la familia, de valores como el respeto, la responsabilidad, el sacrificio, la elaboración y control de la frustración son aspectos centrales del problema. La actitud frívola ante la violencia, la asunción por parte de la sociedad de ciertas responsabilidades formativas que corresponden a los padres de modo que finalmente nadie las asuma, a través de leyes y servicios públicos bienintencionados pero ineficaces, están también en el origen de este problema.

Si educar a los hijos en un entorno familiar es difícil, hacerlo teniendo en contra a una ex pareja es una tarea casi titánica. El mundo actual, lleno de influencias, en el que la tribu educa con mayor intensidad que la familia, implica que debemos tener en consideración más que nunca esta circunstancia.

22

EL DERECHO DE LOS ABUELOS
Y EL CLUB DE LAS SEGUNDAS ESPOSAS

No quisiera dejar de citar dos grandes grupos humanos que sufren las consecuencias del divorcio, en la mayor parte de las ocasiones olvidados por las leyes y las instituciones que tanto alardean de velar por los intereses del ciudadano. Los abuelos, piedra angular en nuestra sociedad, responsables de la transmisión de los valores, conocimientos y, lo que es aún más importante, un afecto que únicamente ellos saben dar —como un regalo que nadie pide ni espera, pero que siempre reconforta—, se ven afectados por las ausencias de sus nietos, sin entender muy bien cómo ni por qué está ocurriendo todo. La necesidad de velar por el derecho que tienen sus nietos de relacionarse con ellos ha provocado que, sólo en algunos países y muy recientemente, las leyes les amparen. Desgraciadamente ya no nos sorprende que esta sociedad se haya visto obligada a recoger este punto en su cuerpo legal.

Finalmente, las segundas esposas, parejas de padres que se separaron, apoyo básico de sus parejas en procesos judiciales interminables. Ellas sufren violencia, acogen con paciencia a hijos que no parieron pero a los que ofrecen su afecto, aguantando desplantes pero también dando apoyo y guía en los momentos más difíciles. Las segundas esposas son un grupo silencioso que, junto a los abuelos, nadie incluye en sus programas, ni considera en el proceloso río del divorcio.

Epílogo

La tradición, origen de la ley, hace que repitamos sin mucha reflexión actuaciones que la realidad social ha superado, volviendo anacrónicos los usos admitidos por todos.

Como recientemente ha señalado Gerald P. Koocher, presidente de la Asociación de Psicología Americana, muchas personas y grupos desean utilizar la ciencia del comportamiento para justificar y apoyar una determinada agenda política. El feminismo radical, de raíces norteamericanas, ha intentado desplazar al feminismo igualitario que bebía de las fuentes europeas, imponiendo muchas veces su visión en las leyes de familia y penales bajo el falso argumento de abanderar la igualdad. Pero, como bien razonaba el político socialista Joaquín Leguina, un lobby es un grupo de presión y, desde luego, la actividad de cualquier grupo de presión casi nunca tiene por objeto alcanzar la igualdad de oportunidades, sino que, como todo movimiento corporativo, lo que busca es un trato de favor, un privilegio, y este lobby femenino no es una excepción.

En España, diez meses después de la entrada en vigor de la Ley de Igualdad, más de 200.000 trabajadores han solicitado el permiso de paternidad, según los datos proporcionados por el Ministerio de Trabajo, lo que constituye el mejor ejemplo de cómo los varones han cambiado su actitud, lugar y papel con respecto a la crianza de sus hijos.

Conocer qué ocurre, tanto desde el punto de vista de las emociones como desde el legal, es fundamental y prácticamente ningún libro sobre el divorcio se ha preocupado por recogerlo. Mi intención al abordarlo en estas páginas ha sido proveer al lector de la posibilidad de elegir entre los caminos que se le ofrecen, con la esperanza de que conozca e identifique las diferentes opciones que existen para que luego no se sienta engañado.

Hacen falta nuevos instrumentos de gestión de los conflictos que conlleva el divorcio. En nuestras manos está evitar que se convierta en un campo de batalla y agresiones mutuas, para lo cual debemos asumir nuestra condición de seres racionales capaces de buscar acuerdos y soluciones válidas para todos.

Existe mucha gente que no quiere saber nada sobre la verdad, que sólo busca la realidad que le conviene, y no duda en inventarla si es necesario. Sea un miembro de una pareja que se rompe, sea un grupo profesional o de presión, no podemos olvidar que en el divorcio lo que debe primar, por encima de todo, es el interés de los menores y su protección, y que estos nunca puedan ser utilizados o considerados como moneda de cambio. Es más fácil sentir compasión por uno mismo, refugiarse en el llanto y asumir el papel de víctima que vivir, actuar y asumir responsabilidades.

El progreso se puede aplazar, pero nunca detener. Tácito afirmó que son felices los tiempos en los que cada uno puede sentir lo que quiera y decir lo que sienta. Tras la lectura de este libro y la siempre saludable crítica que suscite, a ello les invito.

Glosario de términos legales

ABANDONO DE FAMILIA: Delito por omisión —es decir, consistente en omitir una actuación que constituye un deber legal— tipificado en el artículo 226 del Código Penal —LO 10/1995, de 23 de noviembre (BOE 24/11), en adelante CP—. Puede revestir alguna de estas dos modalidades: a) el incumplimiento de los deberes asistenciales inherentes a la patria potestad, la tutela, la guarda o el acogimiento familiar, tal y como aparecen configurados en el Derecho Civil, y b) la omisión de la asistencia legalmente establecida para el sustento de los descendientes, ascendientes o cónyuge que se hallen necesitados. (Véase PATRIA POTESTAD; GUARDA Y CUSTODIA)

ABANDONO DE MENORES E INCAPACES: Delito tipificado en los artículos 229 y 230 del CP que sanciona la conducta de quienes, teniendo a su cargo la guarda de un menor de edad o de un incapaz, los abandonan definitiva —art. 229 CP— o transitoriamente —art. 230 CP—. Esa situación de peligro se presume *iuris et de iure* —esto es, sin admitirse prueba en contrario—, por el hecho del abandono. De ahí que la jurisprudencia califique este delito como de peligro abstracto-concreto —cf. Sentencia del Tribunal Supremo (en adelante STS) de 21 diciembre 1993 (RJ 1993, 9592)—. Si el que abandona es el padre, tutor o guardador legal, la pena es superior. (Véase GUARDA Y CUSTODIA; PATRIA POTESTAD)

ABUELO: Pariente consanguíneo en segundo grado de la línea ascendente.

ACOGIMIENTO FAMILIAR: Figura que introdujo la Ley 21/1987, de 11 de noviembre —BOE 17/11—, que modificó el Código Civil —en adelante CC— y la Ley de Enjuiciamiento Civil en materia de adopción. El acogimiento familiar puede constituirse por la entidad pública competente cuando concurre el consentimiento de los padres. En caso contrario, la entidad debe dirigirse al juez para que sea éste quien lo constituya. La aplicación del artículo 173 CC obligaba, hasta la LO 1/1996, de 15 de enero —BOE 17/01—, de Protección Jurídica del Menor, a las entidades públicas a internar a los menores en algún centro, incluso en aquellos casos en los que la familia extensa ha manifestado su intención de acoger al menor, por no contar con la voluntad de los padres, con el consiguiente perjuicio psicológico y emocional que ello lleva consigo para los niños, que se ven privados innecesariamente de la permanencia en un ambiente familiar. Para remediar esta situación, la LO 1/1996 recoge la posibilidad de que la entidad pública pueda acordar, en interés del menor, un acogimiento provisional en familia cuando los padres no consientan o se opongan al acogimiento, y subsistirá mientras se tramita el necesario expediente, en tanto no se produzca resolución judicial. De esta manera, se facilita la constitución del acogimiento de aquellos niños sobre los que sus padres han mostrado el máximo desinterés. Hasta la LO 1/1996, la legislación concebía el acogimiento como una situación temporal y por tanto la regulación del mismo no hacía distinciones respecto a las distintas circunstancias en que podía encontrarse el menor, otorgando siempre a la familia acogedora una autonomía limitada en cuanto al cuidado del menor. Una reflexión que actualmente se está haciendo en muchos países es la de si las instituciones jurídicas de protección de menores dan respuestas a la diversidad de situaciones de desprotección en la que éstos se encuentran. La respuesta es que tanto la diversificación de instituciones jurídicas como la flexibilización de las prácticas profesionales son indispensables para mejorar cualitativamente los sistemas de protección a la infancia. La LO 1/1996 va en esa dirección, ya que flexibiliza la acogida familiar y adecúa el marco de relaciones entre los acogedores y el menor acogido en función de la estabilidad de la acogida.

Atendiendo a la finalidad del mismo, se recogen tres tipos de acogimiento. Junto al acogimiento simple, cuando se dan las condiciones de temporalidad, en las que es relativamente previsible el retorno del menor a su familia, se introduce la posibilidad de constituirlo con carácter permanente, en aquellos casos en los que la edad u otras circunstancias del menor o su familia aconsejan dotarlo de una mayor estabilidad, ampliando la autonomía de la familia acogedora respecto a las funciones derivadas del cuidado del menor, mediante la atribución por el juez de aquellas facultades de la tutela que faciliten el desempeño de sus responsabilidades. También se recoge expresamente la modalidad del acogimiento preadoptivo que en la Ley 21/1987 aparecía únicamente en la Exposición de Motivos, y que también existe en otras legislaciones. Esta Ley prevé la posibilidad de establecer un periodo preadoptivo, a través de la formalización de un acogimiento con esa finalidad, bien sea porque la entidad pública eleve la propuesta de adopción de un menor o cuando considere necesario establecer un periodo de adaptación del menor a la familia antes de elevar al juez dicha propuesta. Con ello, se subsanaron las insuficiencias de que adolecía el artículo 173.1 del CC, diferenciando los distintos tipos de acogimiento en función de que la situación de la familia pueda mejorar y que el retorno del menor no implique riesgos para éste, que las circunstancias aconsejen su constitución con carácter permanente, o que convenga darle carácter preadoptivo.

La vigente regulación del acogimiento familiar, en lo que se refiere a su constitución, modalidades, efectos y funcionamiento, así como su extinción, se recoge en los artículos 173, 173 bis y 174 del CC (redacción dada por la LO 1/1996 de Protección

Jurídica del Menor). En cuanto a sus aspectos procesales, han de tenerse en cuenta los artículos 779 y 780 de la Ley 1/2000, de 7 de enero (en adelante LECiv/2000), en los que se regula como un proceso civil especial el de oposición a las resoluciones administrativas en materia de protección de menores. (Véase MINORÍA DE EDAD; MAYORÍA DE EDAD)

ADOPCIÓN: Una de las formas en que puede tener lugar la filiación (art. 108 del CC), pues ésta no es un acto biológico sino jurídico. Después de la reforma esencial del Derecho Civil español en la materia (Ley 21/1987, de 11 de noviembre), en la que la adopción pasó a configurarse como «un medio de integración familiar que consigue mediante la completa ruptura del vínculo jurídico que el adoptado mantenía con su familia, la creación *ope legis*, de una relación de filiación a la que son aplicables las normas generales en materia de filiación y relaciones paterno-filiales, contenidas en el CC», pasó de ser un negocio de Derecho de Familia a ser un Acto de Autoridad.

En la LO 1/1996, de 15 de enero, de Protección Jurídica del Menor, se introdujo el requisito de idoneidad de los adoptantes, que habrá de ser apreciado por la entidad pública que formula la propuesta de adopción o directamente por el juez en otro caso.

A los elementos personales en la adopción se refiere el artículo 175 del CC.

La constitución de la adopción se regula en los artículos 175 a 180 del CC. El consentimiento de adoptante o adoptantes y del adoptado mayor de

12 años, así como el asentimiento del cónyuge del adoptante, y de los padres de la persona que va a ser adoptada —con ciertas salvedades— se contemplan en el artículo 177 del CC como exigencias que alternativamente pueden considerarse como elemento constitutivo de la misma. Sus efectos se regulan en ese mismo artículo.

En cuanto a la extinción de la adopción, ha de tenerse en cuenta que es irrevocable (art. 180.1 del CC), como corresponde a un estado de familia debidamente constituido; sin embargo, la Ley permite en un caso la revocación judicial de la adopción, que procederá: «[...] a petición del padre o de la madre que, sin culpa suya, no hubieren intervenido en el expediente en los términos expresados en el artículo 177. Será también necesario que la demanda se interponga dentro de los dos años siguientes a la adopción y que la extinción solicitada no perjudique gravemente al menor» (apartado 2 del precepto citado). En este caso: «La extinción de la adopción no es causa de pérdida de la nacionalidad ni de la vecindad civil adquiridas, ni alcanza a los efectos patrimoniales anteriormente producidos» (ibíd. apartado 3). «La determinación de la filiación que por naturaleza corresponda al adoptado no afecta a la adopción». Aunque la adopción no se extinga, pueden quedar eliminados determinados efectos, según establece el artículo 179 CC. Igual que los padres biológicos, el adoptante que incurra en causa de privación de la patria potestad puede quedar excluido, por resolución judicial, de las funciones de guarda y cuidado del menor y de sus derechos hereditarios respecto del adoptado sin que la adopción se extinga. (Véase Guarda y custodia; Guarda y custodia compartida; Patria potestad; Régimen de visitas; Filiación; Abandono de menores e incapaces)

Afinidad: Parentesco que mediante el matrimonio se establece entre cada cónyuge y los parientes consanguíneos del otro —padres, hermanos, etcétera—. Tras la reforma en 1981 del CC, ya no se considera el parentesco por afinidad en línea colateral un impedimento para contraer matrimonio, pero sí para adoptar, ya que no puede adoptarse a parientes en segundo grado de línea colateral por consanguinidad o afinidad —es decir, no se puede adoptar a un hermano (consanguinidad) ni a un cuñado (afinidad)—.

Alimentos entre parientes: La Ley impone a los parientes próximos la obligación de proporcionarse unos a otros medios de vida cuando concurran determinadas circunstancias. Esta obligación legal se funda en la relación de próximo parentesco entre el alimentista —quien recibe los alimentos— y el obligado a la prestación. Por su origen este deber tiene un carácter familiar, pero con un matiz público que lo mantiene «alejado del poder dispositivo típico de la autonomía privada que impide su renuncia, transmisión o compensación» —STS de 7 de octubre de 1970 (RJ 1993, 7464)—. Con arreglo al artículo 153 CC, «las disposiciones que preceden son aplicables a los demás casos en que por este Código, por testamento o por pacto se tenga derecho a alimentos, salvo lo pactado, lo ordenado por el testador o lo dispuesto por la Ley para el caso especial de que se trate»: según se argumenta en el fundamento jurídico 2.º de la STS de 5 de octubre de 1993 —RJ 1993, 7464—: «a) La norma constitucional (art. 39.3) distingue entre la asistencia debida a los hijos «durante su minoría de edad y en los demás casos en que legalmente proceda»; b) Aunque no es sostenible absolutamente que la totalidad de lo dispuesto en el Título VI del Libro Primero del CC, sobre alimentos entre parientes, no es aplicable a los debidos a los hijos menores como deber comprendido en la patria potestad (art. 154.1.º), lo cierto es que el tratamiento jurídico de los alimentos debidos al hijo menor de edad presenta una marcada preferencia (así, art. 145.3.º) y, precisamente por incardinarse en la patria potestad, derivando básicamente de la relación paterno-filial (art. 110 del CC), no ha de verse afectado por limitaciones propias del régimen legal de los alimentos entre parientes que, en lo que se refiere a los hijos, constituye una normativa en gran parte sólo adecuada al caso de los hijos mayores de edad o emancipados; c) En este sentido ha de entenderse el artículo 152.2.º que el recurrente dice haberse infringido, cuya alusión a las necesidades de la familia del alimentante denota una diferencia sólo comprensible si se admite una familia más próxima con derecho en todo caso preferente».

El concepto de alimentos puede entenderse en sentido amplio o restringido: a los alimentos en sentido amplio se refiere el artículo 142 CC: «Se entiende por alimentos todo lo que es indispensable para el sustento, habitación, vestido y asistencia médica. Los alimentos comprenden también la educación e instrucción del alimentista mientras sea menor de edad y aun después cuando no haya terminado su formación por causa que no le sea imputable. Entre los alimentos se incluirán los gastos de embarazo y parto, en cuanto no estén cubiertos de otro modo». El artículo 143 hace referencia a los alimentos en sentido restringido: «[...] Los hermanos sólo se deben los auxilios necesarios para la vida, cuando los necesiten por cualquier causa que no sea imputable al alimentista, y se extenderán en su caso a los que precisen para su educación».

La obligación de alimentos posee las siguientes características: a) Es una obligación personal. Por tal razón el crédito y la deuda son intransmisibles: así establece el artículo 151 CC: «No es renunciable ni transmisible a un tercero el derecho a los alimentos. Tampoco pueden compensarse con lo que el alimentista deba al que ha de prestarlos. Pero podrán compensarse y renunciarse las pensiones alimenticias atrasadas, y transmitirse a título oneroso o gratuito el derecho a demandarlas»; b) Como el precepto transcrito establece, es irrenunciable; c) En cuanto a su embargabilidad, habrá que estar a lo dispuesto en el artículo 606.1.º LECiv/2000, puesto que en definitiva somete a la decisión del Tribunal la embargabilidad que se denegará cuando «[...] resulten imprescindibles para que el ejecutado y las personas de él dependientes puedan atender con razonable dignidad a su subsistencia»; d) Es un crédito que deriva de una situación familiar de reciprocidad, en el sentido de que el obligado a prestar alimentos a un pariente necesitado tiene derecho a obtenerlos de éste si llega a necesitarlos el anterior alimentista; e) Es un derecho que no puede transigirse, cuando se trata de alimentos futuros (art. 1814 CC); f) Es un derecho variable; así con arreglo a los artículos 146 y147: «la cuantía de los alimentos será proporcionada al caudal o medios de quien los da y a las necesidades de quien los recibe»; «Los alimentos, en los casos a que se refiere el artículo anterior, se reducirán o aumentarán proporcionalmente según el aumento o disminución que sufran las necesidades del alimentista y la fortuna del que hubiere de satisfacerlos»; g) Es un derecho condicional, porque concluye en los supuestos de los artículos 150: «La obligación de suministrar alimentos cesa con la muerte del obligado, aunque los prestase en cumplimiento de una sentencia firme» y 152 —citado—; h) el obligado dispone de derecho de elección, con arreglo al artículo 149; «El obligado a prestar alimentos podrá, a su elección, satisfacerlos, o pagando la pensión que se fije, o recibiendo y manteniendo en su propia casa al que tiene derecho a ellos. Esta elección no será posible en cuanto contradiga la situación de convivencia determinada para el alimentista por las normas aplicables o por resolución judicial. También podrá ser rechazada cuando concurra justa causa o perjudique el interés del alimentista menor de edad»; i) El derecho a reclamar alimentos es imprescriptible —es decir que no se extingue por el transcurso de un tiempo determinado sin que haya reclamación—. Si bien es preciso distinguir entre el derecho unitario a pedir alimentos, que no puede extinguirse por prescripción, y las concretas prestaciones alimenticias ya devengadas, a las que afectará el plazo de prescripción del artículo 1966.1.º CC. La regulación legal parte de la consideración de que no se precisan medios presentes para atender obligaciones pretéritas, en este sentido ha de considerarse el artículo 148, que establece que aunque la obligación de dar alimentos existe desde que se necesitan, éstos sólo se abonarán desde la fecha en que se interponga la demanda.

El orden de prelación en la reclamación de alimentos entre parientes se regula en el artículo 144 CC, contemplando el artículo 145 la situación en la que haya más de una persona obligada a prestarlos o con derecho a recibirlos.

En cuanto a su articulación procedimental, el artículo 250.1.8.º de la LECiv/2000 establece que se decidirán en juicio verbal, cualquiera que sea su cuantía, las demandas que soliciten alimentos debidos por disposición legal o por otro título. En estos casos, como documento exigido en caso especial, habrá de acompañarse a la demanda: «Los documentos que justifiquen cumplidamente el título en cuya virtud se piden alimentos» (art. 266.2º LECiv/2000).

Ha de tenerse en cuenta que si bien en el artículo 607 LECiv/2000 se establecen determinados límites para el embargo de sueldos y pensiones, estas limitaciones no rigen cuando se trata de ejecución por condena a prestación alimenticia. El artículo 608 establece: «lo dispuesto en el artículo anterior no será de aplicación cuando se proceda por ejecución de sentencia que condene al pago de alimentos, en todos los casos en que la obligación de satisfacerlos nazca directamente de la Ley, incluyendo los pronunciamientos de las sentencias dictadas en procesos de nulidad, separación o divorcio sobre alimentos debidos al cónyuge o a los hijos. En estos casos, así como en los de las medidas cautelares correspondientes, el tribunal fijará la cantidad que puede ser embargada».

Como ya hemos visto, la obligación de alimentos entre parientes concluye, según lo dispuesto en el artículo 150 CC, «[...] con la muerte del obligado, aunque los prestase en cumplimiento de una sentencia firme»; es una consecuencia del carácter estrictamente personal de la obligación. También se extingue en los supuestos que determina el artículo 152. (Véase PATRIA POTESTAD; PRÓRROGA Y REHABILITACIÓN DE LA PATRIA POTESTAD; ALIMENTOS PROVISIONALES)

ALIMENTOS PROVISIONALES: El cónyuge que se proponga demandar la nulidad, separación o divorcio de su matrimonio, puede solicitar los efectos y medidas a que refieren los artículos 102 y 103 del CC ante el tribunal de su domicilio y el Juzgado mandará citar a una comparecencia a los cónyuges y al Ministerio fiscal, si hubiera hijos menores o incapacitados, y resolverá por auto contra el que no cabe recurso alguno. Los efectos y medidas acordados sólo subsistirán si, dentro de los treinta días siguientes a su adopción, se presenta la demanda de nulidad, separación o divorcio (art. 104 CC). (Véase MEDIDAS PROVISIONALES EN PROCEDIMIENTOS DE NULIDAD, SEPARACIÓN Y DIVORCIO; MEDIDAS PROVISIONALÍSIMAS)

ASCENDIENTES: Persona ligada a otra por parentesco en línea directa —que es la que vincula a personas que descienden unas de otras— y, dentro de esta línea, perteneciente a una generación anterior en el tiempo. En relación con el derecho a alimentos, pueden ser titulares u obligados (art. 143.2º CC). Según los diversos ordenamientos civiles coexistentes en el Estado Español, pueden ser herederos forzosos, y/o legales. (Véase ABUELOS)

COLATERALES: Parientes que vienen de un mismo tronco, sin descender unos de otros —es decir, hermanos, tíos, sobrinos, etcétera—. En relación con el derecho a alimentos, pueden ser titulares u obligados, (art. 143, párr. 2.º). Según los diversos ordenamientos civiles coexistentes en el Estado Español, pueden ser herederos legales.

CONVENIO REGULADOR DE LA SEPARACIÓN O DIVORCIO DE MUTUO ACUERDO: En el caso de peticiones de separación o divorcio de mutuo acuerdo, o por uno de los cónyuges con el consentimiento del otro, ha de presentarse la propuesta de convenio regulador, conforme a los artículos 90 y 103 CC. Así en concreto dispone el artículo 90: « El convenio regulador a que se refieren los artículos 81 y 86 de este Código deberá contener, al menos, los siguientes extremos:

A) El cuidado de los hijos sujetos a la patria potestad de ambos, el ejercicio de ésta y, en su caso, el régimen de comunicación y estancia de los hijos con el progenitor que no viva habitualmente con ellos.

B) Si se considera necesario, el régimen de visitas y comunicación de los nietos con sus abuelos, teniendo en cuenta, siempre, el interés de aquéllos.

C) La atribución del uso de la vivienda y ajuar familiar.

D) La contribución a las cargas del matrimonio y alimentos, así como sus bases de actualización y garantías en su caso.

E) La liquidación, cuando proceda, del régimen económico del matrimonio.

F) La pensión que conforme al artículo 97 correspondiere satisfacer, en su caso, a uno de los cónyuges.

Los acuerdos de los cónyuges, adoptados para regular las consecuencias de la nulidad, separación o divorcio serán aprobados por el juez, salvo si son dañosos para los hijos o gravemente perjudiciales para uno de los cónyuges. La denegación de estos acuerdos habrá de hacerse mediante resolución motivada y en este caso los cónyuges deben someter a la consideración del juez la nueva propuesta para su aprobación, si procede. Desde la aprobación judicial, podrán hacerse efectivos por la vía de apremio.

Las medidas que el juez adopte en defecto de acuerdo, o las convenidas por los cónyuges, podrán ser modificadas judicialmente o por nuevo convenio cuando se alteren sustancialmente las circunstancias. El juez podrá establecer las garantías reales o personales que requiera el cumplimiento del convenio.

En el plano procedimental ha de tenerse en cuenta el artículo 777 LECiv/2000, que regula la separación o divorcio solicitados de mutuo acuerdo o por uno de los cónyuges con el consentimiento del otro. En materia de representación y defensa de las partes, en este tipo de procesos, ha de tenerse en cuenta lo dispuesto en el artículo 750.2 de la misma ley, que establece que en los procedimientos de separación o divorcio solicitado de común acuerdo por los cónyuges, éstos podrán valerse de una sola defensa y representación. (Véase SEPARACIÓN; DIVORCIO; PENSIÓN POR DESEQUILIBRIO O COMPENSATORIA)

DISOLUCIÓN DEL MATRIMONIO: El matrimonio se disuelve, sea cual fuere la forma y el tiempo de su celebración, por la muerte o la declaración de fallecimiento de uno de los cónyuges y por el divorcio (art. 85 CC). Además, con arreglo al artículo 80 CC, las resoluciones dictadas por los tribunales eclesiásticos sobre nulidad de matrimonio canónico o las decisiones pontificias sobre matrimonio rato y no consumado —matrimonio católico en el que no ha tenido lugar ninguna relación carnal, o ha sido ésta insuficiente, motivo, según el derecho canónico, de disolución de los lazos conyugales— tendrán eficacia en el orden civil, a solicitud de cualquiera de las partes, si se declaran ajustados al Derecho del Estado en resolución dictada por el juez civil competente. En caso de matrimonio tras la declaración de fallecimiento del anterior cónyuge de uno de los dos contrayentes, si después de celebrado el nuevo matrimonio se presentase el ausente o se demostrara su existencia, el nuevo matrimonio celebrado resulta nulo con arreglo al art. 46.2 CC —que impide el matrimonio de toda persona que ya esté ligada a otra con vínculo matrimonial—, en relación con el 73.2.º —según el cual es nulo «el matrimonio celebrado entre las personas a las que se refieren los artículos 46 y 47, salvo los casos de dispensa conforme al artículo 48»—. No obstante, podrá calificarse de matrimonio putativo: según el artículo 79 del CC, «la declaración de nulidad del matrimonio no invalidará los efectos ya producidos respecto de los hijos y del contrayente o contrayentes de buena fe». (Véase CONVENIO REGULADOR DE LA SEPARACIÓN O DIVORCIO DE MUTUO ACUERDO; DIVORCIO; EFECTOS COMUNES A LA NULIDAD, LA SEPARACIÓN Y EL DIVORCIO; PENSIÓN POR DESEQUILIBRIO O COMPENSATORIA)

DIVORCIO: Institución que permite la disolución del vínculo matrimonial en la vida de ambos cónyuges y por efecto de una decisión, en atención a causas posteriores a la celebración del matrimonio. Con arreglo al artículo 89 CC, «la disolución del matrimonio por divorcio sólo podrá tener lugar por sentencia que así lo declare, y producirá efectos a partir de su firmeza. No perjudicará a terceros de buena fe sino a partir de su inscripción en el Registro Civil». Desde la reforma de 2005, introducida por la Ley 15/2005, de 8 de julio, por la que se modifican el Código Civil y la Ley de Enjuiciamiento Civil en materia de separación y divorcio, ya no se exige causa para la separación. En la Exposición de Motivos, el legislador argumenta «que el respeto al libre desarrollo de la personalidad, garantizado por el artículo 10.1 de la Constitución, justifica reconocer mayor trascendencia a la voluntad de la persona cuando ya no desea seguir vinculado *[sic]* con su cónyuge. Así, el ejercicio de su derecho a no continuar casado no puede hacerse depender de la demostración de la concurrencia de causa alguna, pues la causa determinante no es más que el fin de esa voluntad expresada en su solicitud [...]».

Cuando el divorcio sea solicitado por ambos o por uno con el consentimiento del otro, deberá necesariamente acompañarse la demanda o el escrito inicial con la propuesta de convenio regulador de sus efectos, conforme a los artículos 90 y 103 del CC (art. 86 CC). Con arreglo a lo establecido en el artículo 770 LECiv/2000, las demandas de divorcio se sustanciarán por los trámites del juicio verbal. (Véase Convenio regulador de la separación o divorcio de mutuo acuerdo; Separación; Efectos comunes a la nulidad, la separación y el divorcio; Efectos específicos de la sentencia de divorcio; Pensión por desequilibrio o compensatoria)

Domicilio del matrimonio: Su domicilio real o voluntario es el que los cónyuges hayan fijado de mutuo acuerdo, sin perjuicio de que en caso de discrepancia deba resolver el juez atendiendo al interés de la familia (art. 70 CC). En caso de separación o divorcio, la atribución definitiva del uso de la vivienda que constituyó el domicilio familiar se regula en el artículo 96 del CC, en los siguientes términos: «En defecto de acuerdo de los cónyuges aprobado por el juez, el uso de la vivienda familiar y de los objetos de uso ordinario en ella corresponde a los hijos y al cónyuge en cuya compañía queden. Cuando alguno de los hijos quede en la compañía de uno y los restantes en la del otro, el juez resolverá lo procedente. No habiendo hijos, podrá acordarse que el uso de tales bienes, por el tiempo que prudencialmente se fije, corresponda al cónyuge no titular, siempre que, atendidas las circunstancias, lo hicieran aconsejable y su interés fuera el más necesitado de protección. Para disponer de la vivienda y bienes indicados cuyo uso corresponda al cónyuge no titular se requerirá el consentimiento de ambas partes o, en su caso, autorización judicial». (Véase Separación; Divorcio)

Efectos comunes a la nulidad, la separación y el divorcio: Se regulan entre los artículos 90 a 101 CC. La sentencia de separación produce la suspensión de la vida en común de los casados y cesa la posibilidad de vincular bienes del otro cónyuge en el ejercicio de la potestad doméstica (art. 83 CC). Además, se producen otros efectos, entre otros: dejan de presumirse hijos del marido los nacidos de la mujer pasados trescientos días después de la disolución o a la separación legal o de hecho de los cónyuges (art. 116 CC); la patria potestad pasa a ejercerse individualmente por aquel con quien el hijo conviva. Sin embargo, el juez, a solicitud fundada del otro progenitor, podrá, en interés del hijo, atribuir al solicitante la patria potestad para que la ejerza conjuntamente con el otro progenitor o distribuir entre el padre y la madre las funciones inherentes a su ejercicio (art. 156 CC); pueden revocarse por ingratitud las donaciones que un cónyuge haya hecho al otro, cuando la sentencia impute al donatario —quien recibe la donación— los hechos que causaron la separación (art. 1343 CC); es posible la concesión de la emancipación judicial a los hijos de los cónyuges separados legalmente, siempre que sean mayores de 16 años, la soliciten al juez y previa audiencia de los padres (art. 320.2). Subsiste el deber de actuar en interés de la familia, según el art. 110 CC —«El padre y la madre, aunque no ostenten la patria potestad, están obligados a velar por los hijos menores y a prestarles alimentos»—.

Si entre los cónyuges separados hubiere mediado reconciliación notificada al Juzgado que conoció de la separación, el sobreviviente conservará sus derechos (835 CC).

Con respecto al llamamiento del cónyuge sobreviviente a la sucesión intestada —sin que el causante haya dejado testamento—, dispone el artículo 945: «No tendrá lugar el llamamiento [...] si el cónyuge estuviere separado judicialmente o de hecho».

Es preciso distinguir entre efectos de la sentencia y medidas. Los primeros son consecuencias que, por ley, se derivan de la sentencia —como la disolución del vínculo matrimonial—, mientras que medidas son las determinaciones específicas que permiten adecuar esas consecuencias a las circunstancias concretas del caso —por ejemplo, el establecimiento de una pensión compensatoria—. En los artículos 771 a 776 de la LECiv/2000 se regulan los planos tanto sustantivo como procedimental; las medidas provisionales previas a la demanda de nulidad, separación o divorcio; la confirmación o modificación de las medidas previas a la demanda al admitirse ésta; las medidas provisionales derivadas de la admisión de la demanda de nulidad, separación o divorcio; las medidas definitivas y la modificación de las medidas definitivas —el Auto que resuelve sobre todas ellas no es susceptible de recurso—.

Ha de tenerse en cuenta que si bien en el artículo 607 LECiv/2000 se establecen determinados límites para el embargo de sueldos y pensiones, estas limitaciones no rigen cuando se trata de la ejecución de una «sentencia que condene al pago de alimentos, en todos los casos en que la obligación de satisfacerlos nazca directamente de la Ley, incluyendo los pronunciamientos de las sentencias dictadas en procesos de nulidad, separación o divorcio sobre alimentos debidos al cónyuge o a los hijos. En estos casos, así como en los de las medidas cautelares correspondientes, el tribunal fijará la cantidad que puede ser embargada» (art. 608 LECiv/2000). (Véase CONVENIO REGULADOR

DE LA SEPARACIÓN O DIVORCIO DE MUTUO ACUERDO; PATRIA POTESTAD; DIVORCIO; SEPARACIÓN; PENSIÓN POR DESEQUILIBRIO O COMPENSATORIA; EFECTOS ESPECÍFICOS DE LA SENTENCIA DE DIVORCIO)

EFECTOS ESPECÍFICOS DE LA SENTENCIA DE DIVORCIO: La sentencia de divorcio produce la disolución definitiva del matrimonio y deja en libertad a los cónyuges para contraer nuevo matrimonio, incluso nuevamente entre ellos mismos.

En los artículos 85 a 89 CC nada se dice sobre declaración de imputabilidad o culpabilidad de la causa en que se funde. Sin embargo, el artículo 170, párrafo 1.º CC, sobre privación total o parcial de la patria potestad, establece que podrá fundarse en sentencia dictada en causa matrimonial; y el artículo 1343, párrafo 3.º, establece que «en las otorgadas por los contrayentes, se reputará incumplimiento de cargas, además de cualesquiera otras específicas, la anulación del matrimonio si el donatario hubiere obrado de mala fe. Se estimará ingratitud, además de los supuestos legales, el que el donatario incurra en causa de desheredación del artículo 855 o le sea imputable, según la sentencia, la causa de separación o divorcio». (Véase CONVENIO REGULADOR DE LA SEPARACIÓN O DIVORCIO DE MUTUO ACUERDO; DIVORCIO; EFECTOS COMUNES A LA NULIDAD, LA SEPARACIÓN Y EL DIVORCIO; PATRIA POTESTAD; PENSIÓN POR DESEQUILIBRIO O COMPENSATORIA; MEDIDAS PROVISIONALES EN PROCEDIMIENTOS DE NULIDAD, SEPARACIÓN Y DIVORCIO)

Ejecución de las sentencias: Las sentencias, como las demás resoluciones judiciales, han de cumplirse por las partes o por aquellos a quienes puedan afectar, para que la justicia sea realmente eficaz. De nada sirve una sentencia que no se ejecute, por ello los interesados podrán pedir al Juzgado o Tribunal que se libren los despachos necesarios para la ejecución de la sentencia.

Es criterio reiterado del Tribunal Constitucional que una de las proyecciones que garantiza el artículo 24.1 CE es el derecho a que las resoluciones judiciales alcancen la eficacia otorgada por el ordenamiento, lo que significa, de un lado, el derecho a que las resoluciones judiciales se ejecuten en sus propios términos, y de otro, el respeto a su firmeza y la intangibilidad de las situaciones jurídicas en ellas declaradas. Si se ignorara la «cosa juzgada material» —efecto que tiene una sentencia firme cuando se pronuncia sobre el fondo de un asunto—, se estaría privando de eficacia a lo que se decidió con firmeza al cabo del proceso.

Elementos personales en la adopción: A ellos se refiere el artículo 175 CC:

1. La adopción requiere que el adoptante sea mayor de veinticinco años. En la adopción por ambos cónyuges basta que uno de ellos haya alcanzado dicha edad. En todo caso, el adoptante habrá de tener, por lo menos, catorce años más que el adoptado.

2. Únicamente podrán ser adoptados los menores no emancipados. Por excepción, será posible la adopción de un mayor de edad o de un menor emancipado cuando, inmediatamente antes de la emancipación, hubiere existido una situación no interrumpida de acogimiento o convivencia, iniciada antes de que el adoptando hubiere cumplido los 14 años.

3. No puede adoptarse:
   1. A un descendiente.
   2. A un pariente en segundo grado de la línea colateral por consanguinidad o afinidad.
   3. A un pupilo por su tutor hasta que haya sido aprobada definitivamente la cuenta general justificada de la tutela.
   4. Nadie puede ser adoptado por más de una persona, salvo que la adopción se realice conjunta o sucesivamente por ambos cónyuges. El matrimonio celebrado con posterioridad a la adopción permite al cónyuge la adopción de los hijos de su consorte. En caso de muerte del adoptante, o cuando el adoptante sufra la exclusión prevista en el artículo 179, es posible una nueva adopción del adoptado.»

(Véase Adopción; Minoría de edad; Mayoría de edad; Emancipación; Afinidad; Colaterales)

Emancipación: Supone una anticipación de la atribución de la capacidad de obrar —aptitud para llevar a cabo actos con relevancia jurídica—, regulada en los artículos 314 a 324 del CC. Es preciso distinguir entre el acto que la produce y los efectos derivados de su reconocimiento jurídico. Genera una situación entre la minoría y la mayoría de edad en la que el menor emancipado tiene tan sólo algunas limitaciones para la realización de actos jurídicos con trascendencia patrimonial, y están reguladas en el párrafo primero del artículo 323 del CC. Aunque el artículo 314 CC incluye como causa de emancipación la mayoría de edad, el Tribunal Supremo ha interpretado este artículo y entiende que no es un supuesto de emancipación sino de adquisición plena de la capacidad de obrar al llegar a los 18 años. «La emancipación representa, siempre dentro de la minoría de edad, [...] un periodo diferenciado en la vida del menor que tiene por finalidad la de prepararle para la mayoría de edad, aunque el Código Civil siga diciendo en el artículo 314 que la emancipación tiene lugar por la mayoría de edad» —STS de 16 de mayo de 1984—. La emancipación de menores de edad, de ordinario mayores de 16 años, puede producirse: 1.º por el matrimonio —en este caso puede tratarse de mayores de 14 años que hayan obtenido dispensa para casarse—; 2.º por concesión judicial; o 3.º por concesión de quienes ejerzan la patria potestad, si el menor tiene más de 16 años y la consiente. En ese caso, la emancipación se otorgará por escritura pública o por comparecencia ante el juez encargado del Registro. La concesión de emancipación habrá de inscribirse en el Registro Civil, no produciendo entre tanto efectos contra terceros. Concedida la emancipación, no podrá ser revocada. En el artículo

319 del CC, se reconocen efectos interinos a la situación de «emancipación tácita» que, ésta sí, es libremente revocable por los padres en cualquier momento. (Véase Minoría de edad; Mayoría de edad; Patria potestad)

Embrión: Se entiende médicamente por embrión humano el organismo en desarrollo desde aproximadamente dos semanas después de la fecundación hasta el final de la séptima u octava semana de la misma.

La Ley 14/2007 de 3 de julio, de Investigación Biomédica, establece los requisitos que rigen para la donación y uso de embriones y fetos humanos, de sus células, tejidos y órganos en el ámbito de la investigación y experimentación científica. (Véase Feto; Nacimiento; Nasciturus)

Extinción de la patria potestad: Sus causas se regulan en el artículo 169 CC: «La patria potestad se acaba:

1.º Por la muerte o la declaración de fallecimiento de los padres o del hijo.
2.º Por la emancipación.
3.º Por la adopción del hijo».

(Véase Patria potestad; Emancipación; Adopción; Prórroga y rehabilitación de la patria potestad)

Feto: Se entiende médicamente por feto la descendencia animal nonata en el periodo postembrionario, después de que se han bosquejado las estructuras principales, y en el ser humano en concreto desde la séptima u octava semana después de la fecundación hasta el nacimiento.

La Ley 14/2007 de 3 de julio, de Investigación Biomédica, establece los requisitos que autorizan su uso en el ámbito diagnóstico, terapéutico, de investigación y experimentación científica. (Véase EMBRIÓN; NACIMIENTO; NASCITURUS)

FILIACIÓN: Relación que une a los padres y hijos. Es un hecho natural pero también es una realidad reconocida y regulada por el derecho, con independencia del hecho biológico —ya que debe tenerse en cuenta la filiación por adopción—, que presupone la determinación de la paternidad y maternidad. La materia posee un muy profundo calado Constitucional en cuanto afecta a la propia dignidad de la persona humana (art. 10.1 CE); es esencial en la configuración jurídica de la igualdad formal (art. 14 CE), que proscribe, entre otras, cualquier discriminación por razón de nacimiento y constituye un principio activo a observar por los poderes públicos en el diseño y aplicación de la política social, nuclear en el «Estado social y democrático de Derecho» que la Constitución configura (art. 39.2 CE), esencialmente cuando establece: «Los poderes públicos aseguran, asimismo, la protección integral de los hijos, iguales éstos ante la ley con independencia de su filiación, y de las madres, cualquiera que sea su estado civil. La ley posibilitará la investigación de la paternidad».

Para adecuar la normativa del CC a las exigencias constitucionales se promulgó la Ley 11/1981, de 13 de mayo —BOE 19/05—, que modifica el CC en materia de filiación, patria potestad y régimen económico del matrimonio. La regulación originaria del CC estaba anticuada, representaba una ruptura con nuestro derecho autóctono e incluso sobrepasaba el modelo napoleónico, cuando éste ya había sido rectificado en Francia. En la reforma de 1961, frente a una concepción demasiado formalista de la relación paterno-filial, poco interesada por la base biológica, se estableció una concepción realista de la institución, con una preocupación por determinar la verdadera maternidad o paternidad y la realidad biológica, así como la coincidencia de ésta con la relación jurídica en cuanto fuera posible. En cambio, en la reforma de 1981, se tratan la filiación *matrimonial* y la *extramatrimonial* —nueva terminología jurídica, frente a la anterior de «legítima» e «ilegítima»—, y pasan a regularse en conjunto los más importantes aspectos de una y otra: efectos de la filiación, disposiciones generales sobre determinación y prueba y efectos de la filiación; se equiparan los hijos matrimoniales y extramatrimoniales en orden a los efectos jurídicos de ambas clases de filiación; se simplifica el régimen de la «filiación legitimada» (art. 119) y desaparece la tan cuestionable filiación por «concesión Real»; y sobre todo, queda admitida la investigación de la paternidad y la maternidad.

Las disposiciones generales relativas a la filiación y sus efectos se contienen en los artículos 108 a 111 CC. La determinación y prueba de la filiación se regula en los artículos 112 a 114. La determinación de la filiación matrimonial, en los artículos 115 a 119 y la determinación de la filiación no matrimonial, en el artículo 120. Han de considerarse además los artículos 121 a 141 CC, que hablan del reconocimiento de los hijos y de las acciones de filiación; téngase en cuenta que los artículos 127 a 130, en los que se contenían las disposiciones generales en materia de acciones de filiación, han sido derogados por la disposición derogatoria única 2.1º de la Ley 1/2000, de 7 de enero (LECiv/2000). (Véase ADOPCIÓN; PROCESOS SOBRE CAPACIDAD, FILIACIÓN, MATRIMONIO Y MENORES; PROCESOS SOBRE FILIACIÓN, PATERNIDAD Y MATERNIDAD)

GUARDA Y CUSTODIA: Es al mismo tiempo el derecho de los progenitores a estar en compañía del menor y la obligación de cuidarlos y velar por su integridad física, psíquica e intelectual. Se refiere por tanto, en sentido amplio, al «derecho-deber» de los padres de cuidar del menor. Es un elemento integrante de la patria potestad. Ante la separación o ruptura de la pareja, la compañía de los hijos no va a poder disfrutarse de manera conjunta o simultánea, por lo que es preciso que bien los propios progenitores, o bien el juez, delimiten en qué periodos el menor va a estar en compañía de la madre y en cuáles va a estar en compañía del padre.

Es importante transmitir la idea de que la separación o el divorcio no implican necesariamente que el progenitor no custodio limite su intervención al cumplimiento de unas visitas y al pago de la pensión de alimentos.

Se destaca igualmente que la guarda y custodia es una de las funciones que se integran en la patria potestad y, en consecuencia, no supone un estatus privilegiado del progenitor al que se le otorga frente al otro. (Véase ABANDONO DE MENORES E INCAPACES; GUARDA Y CUSTODIA COMPARTIDA; RÉGIMEN DE VISITAS; PATRIA POTESTAD)

GUARDA Y CUSTODIA COMPARTIDA: Reconocimiento por la ley de que ambos, padre y madre, pueden estar en compañía de su hijo. No se trata de compartir la patria potestad, que es un conjunto de derechos y deberes más amplios, sino de que los periodos de estancia del menor con uno y otro progenitor sean tan parecidos que podamos hablar de un reparto equitativo del tiempo, de forma que el derecho a estar en compañía del menor, como uno de los derechos derivados de la patria potestad, se realice de una forma igualitaria que permita entender que ambos comparten el cuidado de los hijos. (Véase ABANDONO DE MENORES E INCAPACES; GUARDA Y CUSTODIA; RÉGIMEN DE VISITAS; PATRIA POTESTAD)

IMPAGO DE PENSIONES: Modalidad del delito de abandono de familia que comete quien deja de pagar durante dos meses consecutivos, o cuatro meses no consecutivos, cualquier prestación económica a favor de su cónyuge o sus hijos, establecida en un convenio judicialmente aprobado o una resolución judicial, en los supuestos de separación legal, divorcio, declaración de nulidad del matrimonio, proceso de filiación o proceso de alimentos a favor de sus hijos. Conlleva penas de prisión y multa. (Véase ABANDONO DE FAMILIA; DIVORCIO; SEPARACIÓN; PATRIA POTESTAD; PENSIÓN POR DESEQUILIBRIO O COMPENSATORIA)

MATRIMONIO: Unión estable de un hombre y una mujer dirigida y ordenada al establecimiento de una plena comunidad de vida; se trata de un derecho consagrado en el artículo 32 de la Constitución. (Véase MATRIMONIO CIVIL Y MATRIMONIO RELIGIOSO)

MATRIMONIO CIVIL Y MATRIMONIO RELIGIOSO: Matrimonio civil es el que se celebra de conformidad con la ley civil y cuya validez es reconocida por el Estado, pero no por el Derecho Eclesiástico. Matrimonio religioso es el que constituye un sacramento, cuya celebración se ajusta a las normas de la Iglesia católica o de otras confesiones con las que el Estado español ha suscrito acuerdos de cooperación —Federación de Entidades Religiosas Evangélicas de España; Federación de Comunidades Israelitas de España y Comisión Islámica de España—, aprobados respectivamente por las leyes 24, 25 y 26/1992 de 10 de noviembre —BOE 12/11—.
Con arreglo al art. 49 CC, «cualquier español podrá contraer matrimonio dentro o fuera de España: 1.º Ante el juez, alcalde o funcionario señalado por este Código. 2.º En la forma religiosa legalmente prevista. También podrá contraer matrimonio fuera de España con arreglo a la forma establecida por la

ley del lugar de celebración» —Cf. Acuerdo sobre Asuntos Jurídicos de España con la Santa Sede de 3 de enero de 1979 (BOE 15/12); arts. 59 y 60 del CC y Código de Derecho Canónico de 25 de enero de 1983, cánones 1055 y ss.—. (Véase MATRIMONIO)

MAYORÍA DE EDAD: Comienza a los 18 años cumplidos (art. 12 de la Constitución, art. 315 del CC). Determina la adquisición de la capacidad de obrar (art. 322 del CC), aunque hay algunas restricciones, entre las que destaca la referente a la edad del adoptante —ha de ser mayor de 25 años, con arreglo al art. 175.1 CC, si bien en la adopción por ambos cónyuges basta con que uno de ellos haya alcanzado dicha edad—. El artículo 314 CC incluye la mayoría de edad entre los supuestos de emancipación, lo que ha sido objeto de crítica doctrinal generalizada, y el TS entiende que, a pesar de lo que dice el CC, no es un supuesto de emancipación. Con la LO 5/2000 Reguladora de la Responsabilidad Penal de los Menores, modificada por LO 7/2000, se ha dado contenido sustantivo al art. 19 del vigente CP (LO 10/1995), con arreglo al cual «los menores de 18 años no serán responsables criminalmente». Sin embargo, «cuando un menor de dicha edad cometa un hecho delictivo podrá ser responsable con arreglo a la ley que regule la responsabilidad penal del menor». (Véase EMANCIPACIÓN; MINORÍA DE EDAD)

MEDIDAS PROVISIONALES EN PROCEDIMIENTOS DE NULIDAD, SEPARACIÓN Y DIVORCIO: En el plano sustantivo, se regulan en los arts. 102 a 106 CC. Responden a la necesidad de que, iniciado un procedimiento de nulidad, separación o divorcio, se adopten con carácter provisional las medidas necesarias para garantizar los intereses comunes de los esposos en litigio, sus atenciones personales y el cuidado de las personas y bienes de sus hijos. El artículo 102, regula las medidas que se producen *ope legis* admitida la demanda de nulidad, separación o divorcio, en las esferas personal y patrimonial de los cónyuges. El artículo 103 establece las medidas que el juez puede adoptar, admitida la demanda, a falta de acuerdo de ambos cónyuges, respecto de la custodia provisional de los hijos comunes, menores de edad; uso de la vivienda familiar, contribución a las cargas del matrimonio —concepto que posee una tipicidad normativa propia y restringida al ámbito de las medidas provisionales, distinto de las pensiones alimenticia y por desequilibrio—, incluidos, si procede, los costes del proceso; atribución interina de bienes gananciales o comunes; y determinación del régimen de administración y disposición de aquellos bienes privativos que por capitulaciones y escritura pública estuvieran especialmente afectados a las cargas del matrimonio. Las medidas indicadas terminan, en todo caso, cuando sean sustituidas por la sentencia estimatoria o se ponga fin al procedimiento de otro modo, si bien los efectos *ope legis*, consistentes en la revocación de consentimientos y poderes, se entienden como definitivos.

En los arts. 771 a 773 LECiv/2000, se regulan las medidas provisionales previas a la demanda de nulidad, separación o divorcio; la confirmación o modificación de las medidas provisionales previas a la demanda al admitirse ésta; y las medidas provisionales derivadas de la admisión de la demanda de nulidad, separación o divorcio. Es competente para dictarlas el Juzgado de Primera Instancia del lugar del domicilio conyugal. En caso de residir los cónyuges en distintos partidos judiciales, será competente, a elección del demandante, el del último domicilio del matrimonio o el de la residencia del demandado. El auto que resuelve sobre todas ellas no es susceptible de recurso. También se regula en el art. 775 el procedimiento de modificación de las medidas definitivas. (Véase MEDIDAS PROVISIONALÍSIMAS)

MEDIDAS PROVISIONALÍSIMAS: Concepto que, a diferencia de las medidas provisionales (art. 103 CC), no posee una plasmación normativa. El cónyuge que se proponga demandar la nulidad, separación o divorcio de su matrimonio puede solicitar los efectos y medidas a que se refieren los artículos 102 y 103. Estos efectos y medidas sólo subsistirán si, dentro de los treinta días siguientes, a contar desde que fueron inicialmente adoptados, se presenta la demanda ante el juez o tribunal competente. Además según establece el artículo 105, no incumple el deber de convivencia el cónyuge que sale del domicilio conyugal por una causa razonable y en el plazo de treinta días presenta la demanda o solicitud a que se refieren los artículos anteriores. (Véase MEDIDAS PROVISIONALES EN PROCEDIMIENTOS DE NULIDAD, SEPARACIÓN Y DIVORCIO)

Ministerio fiscal: Órgano del Estado cuya misión es promover la acción de la Justicia en defensa de la legalidad, de los derechos de los ciudadanos y del interés público tutelado por la ley, de oficio o a petición de los interesados, así como velar por la independencia de los Tribunales y procurar ante éstos la satisfacción del interés social.

El Ministerio fiscal, integrado con autonomía funcional en el Poder Judicial, ejerce sus funciones por medio de órganos propios conforme a los principios de unidad de actuación y dependencia jerárquica y con sujeción, en todo caso, a los de legalidad e imparcialidad.

Minoría de edad: El menor no emancipado carece de plena capacidad de obrar y, por tanto, para realizar válidamente actos jurídicos, ha de estar respaldado por los titulares de la patria potestad o por el tutor. En situaciones de desprotección social del menor, la LO 1/1996, de 15 de enero, de Protección Jurídica del Menor, establece una regulación sistemática de las actuaciones de protección de menores —Título II, arts. 12 a 25— y configura la vigente regulación jurídica de los arts. 172 a 174 del CC sobre guarda y acogimiento familiar, simple y preadoptivo. (Véase Emancipación; Mayoría de edad; Patria potestad)

Nacimiento: El artículo 29 del CC establece que el nacimiento determina la personalidad. A efectos civiles, sólo se reputa nacido «el feto que tuviere figura humana y viviere 24 horas completamente desprendido del seno materno» (art. 30 CC). Pero según el art. 29 CC, «el concebido se tiene por nacido para todos los efectos que le sean favorables, siempre que nazca con las condiciones que expresa el artículo 30». La acreditación primaria del nacimiento se realiza mediante la inscripción en el Registro Civil, que se regula en los artículos 165 a 170 del Reglamento para la Aplicación de la Ley del Registro Civil, de 14 de noviembre de 1958. En el artículo 31 del CC, se determinan los efectos jurídicos de la prioridad de nacimientos en caso de partos dobles. (Véase NASCITURUS; FETO; EMBRIÓN)

NASCITURUS: En el ámbito jurídico, se considera como tal al feto desde el momento de la concepción y hasta su separación completa del cuerpo de la madre mediante el corte del cordón umbilical (cf. STS de octubre de 1996, RJ1996, 9679). (Véase NACIMIENTO; EMBRIÓN; FETO)

NULIDAD DEL MATRIMONIO: Se regula en los artículos 73 a 80 CC. Hay nulidad cuando un tribunal declara que un matrimonio supuestamente celebrado en realidad nunca ha existido, por haber concurrido en su celebración circunstancias que impidieron que el vínculo fuese efectivamente contraído. Cualquiera que sea la forma de su celebración, el matrimonio se puede declarar nulo por las siguientes causas (art. 73 CC):

1º Si se celebró sin consentimiento matrimonial.

2º Si se celebró entre las personas a que se refieren los artículos 46 (menores no emancipados o personas que ya estaban casadas previamente) y 47 (parientes cercanos o personas condenadas como autores o cómplices de la muerte dolosa del cónyuge de cualquiera de ellas), salvo los casos de dispensa conforme al artículo 48.

3º Si se contrajo sin la intervención del juez, alcalde o funcionario ante quien debiera celebrarse, o sin la de los testigos.

4º Si se celebrara por error en la identidad de la persona del otro contrayente o en aquellas cualidades personales que, por su entidad, hubieren sido determinantes de la prestación del consentimiento.

5º Si se contrajera por coacción o miedo grave.

La enumeración de causas de nulidad que se contiene en el artículo 73 CC no es estrictamente cerrada, sino que hay otras causas, no comprendidas en la anterior relación, que se hallan institucionalmente incluidas. Así, a título de ejemplo, la reserva mental, las anomalías psíquicas...

Según el artículo 74 CC, «la acción para pedir la nulidad del matrimonio corresponde a los cónyuges, al Ministerio Fiscal y a cualquier persona que tenga interés directo y legítimo en ella, salvo lo dispuesto en los artículos siguientes», que se refieren a los supuestos: 1.º: de nulidad por falta de edad —en cuyo caso, mientras siga siendo menor, pueden ejercitar la acción los padres o tutores y el Ministerio Fiscal, y cuando alcance la mayoría de edad sólo podrá ejercitarla el menor (art. 75 CC)—; y 2.º: de error, coacción y miedo grave —situaciones en las que sólo puede ejercitar la acción el cónyuge que los hubiera sufrido, y sólo si lo hace antes de que pase 1 año después de que se desvanezca el error o cese la fuerza o la causa de miedo (art. 76 CC)—.

Con arreglo a lo establecido en el artículo 770 LECiv/2000, las demandas de nulidad de matrimonio se sustanciarán por los trámites del juicio verbal. (Véase EFECTOS COMUNES A LA NULIDAD, LA SEPARACIÓN Y EL DIVORCIO; MINISTERIO FISCAL; PROCESOS SOBRE CAPACIDAD, FILIACIÓN, MATRIMONIO Y MENORES)

PATRIA POTESTAD: Se regula en el artículo 154 CC. Representa el conjunto de derechos y deberes de los padres respecto de sus hijos, y tiene como fundamento la necesidad de suplir las carencias de los hijos menores o incapaces, tanto de orden personal como patrimonial.

La patria potestad es aplicable a la minoría de edad del hijo y, si éste fuera declarado incapaz, se extendería también a la mayoría de edad, en lo que se denomina patria potestad prorrogada (art. 171 CC). El sentido y el objeto de la referida patria potestad es atender a quien, al menos de momento, no puede valerse por sí mismo, supliendo sus carencias tanto personales como patrimoniales y jurídicas, con una finalidad protectora de los intereses del menor o incapaz.

Podríamos definir la patria potestad como el conjunto de derechos y deberes que ambos progenitores tienen respecto a sus hijos menores o incapaces, para garantizar su cuidado, alimentación, formación, educación, representación y administración de bienes, tendente a conseguir un adecuado desarrollo de la personalidad de éstos.

La actual redacción del art. 154 establece con claridad que los hijos no emancipados están bajo la potestad de sus progenitores. Aclara también, y esto es fundamental en toda la normativa referente a la patria potestad y a la guarda y custodia, que la patria potestad se ejercerá siempre en beneficio de los hijos, de acuerdo con su personalidad. Comprende una serie de deberes y facultades que el propio precepto legal establece, y que van desde la obligación de velar por los hijos y tenerlos en compañía hasta alimentarlos y educarlos, con la finalidad de procurarles lo que el precepto llama una formación integral, así como representarlos y administrar sus bienes.

De la referida redacción que da el art. 154 del CC y de los preceptos siguientes que lo completan, se pueden extraer las siguientes características de la institución:

- La patria potestad está formada por derechos y deberes, aunque prima el concepto de deber sobre el derecho.
- Los derechos y deberes que la componen se establecen en interés del menor o incapaz.
- Su origen está en la procreación natural o en la adopción.

- Es un derecho irrenunciable y no disponible.
- Los padres pueden ser privados de la patria potestad por resolución judicial basada en el incumplimiento reiterado de los deberes y derechos que la integran, con fundamento en el interés del hijo.

(Véase Emancipación; Adopción; Guarda y custodia; Guarda y custodia compartida; Extinción de la patria potestad; Privación y recuperación de la patria potestad)

Pensión por desequilibrio o compensatoria: Se regula en los artículos 97 a 101 CC. Puede establecerse en aquellos casos en que la separación o divorcio produzca un desequilibrio económico, que implique un empeoramiento, con respecto a su situación anterior, de uno de los dos ex cónyuges. A falta de acuerdo entre los cónyuges, el juez determinará su importe en la sentencia, teniendo en cuenta:

1.º Los acuerdos a que hubieren llegado los cónyuges.
2.º La edad y estado de salud.
3.º La cualificación profesional y las probabilidades de acceso a un empleo.
4.º La dedicación pasada y futura a la familia.
5.º La colaboración con su trabajo en las actividades mercantiles, industriales o profesionales del otro cónyuge.
6.º La duración del matrimonio y de la convivencia conyugal.
7.º La pérdida eventual de un derecho de pensión.

8.º El caudal y medios económicos y las necesidades de uno y otro cónyuge.

9.º Cualquier otra circunstancia relevante.

En cuanto a su modificación, el artículo 100 CC dispone que «fijada la pensión y las bases de actualización en la sentencia de separación o divorcio, sólo podrá ser modificada por alteraciones sustanciales en la fortuna de uno u otro cónyuge».

El derecho a la pensión no se extingue por el solo hecho de la muerte del deudor. No obstante, los herederos de éste podrán solicitar del juez la reducción o supresión de aquélla si el caudal hereditario no pudiera satisfacer las necesidades de la deuda o afectara a sus derechos en la legítima (art. 101 CC). (Véase Divorcio; Separación, Efectos comunes a la nulidad, la separación y el divorcio; Convenio regulador de la separación o divorcio de mutuo acuerdo; Impago de pensiones)

Privación y recuperación de la patria potestad: Se regula en el artículo 170 CC: «El padre o la madre podrán ser privados total o parcialmente de su potestad por sentencia fundada en el incumplimiento de los deberes inherentes a la misma o dictada en causa criminal o matrimonial.

Los tribunales podrán, en beneficio e interés del hijo, acordar la recuperación de la patria potestad cuando hubiere cesado la causa que motivó la privación». (Véase Emancipación; Adopción; Guarda y custodia; Guarda y custodia compartida;

Extinción de la patria potestad; Abandono de familia; Abandono de menores e incapaces)

Procesos sobre capacidad, filiación, matrimonio y menores: Se regulan en el Título I del Libro IV LECiv/2000. En el capítulo I —arts. 748 a 755 LECiv/2000— se establece un conjunto de disposiciones generales, que recogen las características sustanciales de estos procesos —que ya se contemplaban anteriormente en el CC—, como la intervención del Ministerio Fiscal (749 LECiv/2000) y la representación y defensa de las partes, la indisponibilidad del objeto del proceso, la prueba, la tramitación —que se sustancia por los trámites del juicio verbal, salvo que expresamente se diga otra cosa—, la exclusión de la publicidad y el acceso de las sentencias a registros públicos.

Además, bajo el epígrafe «procesos sobre capacidad, filiación, matrimonio y menores», que preside este título, la ley contempla también los «procesos sobre capacidad de las personas» (arts. 756 a 763 LECiv/2000), los «procesos sobre filiación, paternidad y maternidad» (arts. 764 a 768), los «procesos matrimoniales y de menores» (arts. 769 a 778 LECiv/2000) y la «oposición a resoluciones administrativas en materia de protección de menores y del procedimiento para determinar la necesidad de asentimiento en la adopción» (art. 779 a 781 LECiv/2000). (Véase Ministerio fiscal; Procesos sobre filiación, paternidad y maternidad; Filiación)

Procesos sobre filiación, paternidad y maternidad:
La determinación y prueba de la filiación se ordena
normativamente en el CC, en los artículos 112 a
114; la determinación de la filiación matrimonial,
en los artículos 115 a 119 CC; y la determinación de
la filiación no matrimonial, en el artículo 120 CC.
Han de considerarse además los artículos 121 a 141
CC, que recogen supuestos concretos de reconocimiento por el progenitor (arts. 121 a 126 CC) y
las acciones que cabe ejercitar (arts. 127 a 141 CC).
Téngase en cuenta que los artículos 127 a 130, que
contenían las disposiciones generales en materia
de acciones de filiación, han sido derogados por el
apartado 2.1.º de la Disposición Derogatoria Única
de la LECiv/2000. En cuanto a la regulación de estos
procesos en esta última ley, se encuentra en su Libro
IV, en los artículos 764 a 768, que se ocupan de la «determinación legal de la filiación por sentencia firme,
del ejercicio de las acciones que correspondan al hijo
menor o incapacitado y sucesión procesal; de la legi-
timación pasiva; de las especialidades en materia de
procedimiento y prueba y de las medidas cautelares».
En el capítulo I se establece un conjunto de disposiciones generales, que recogen las características
sustanciales de estos procesos (arts. 748 a 755
LECiv/2000), como la intervención del Ministerio
Fiscal (749 LECiv/2000) y la representación y defensa de las partes, la indisponibilidad del objeto del
proceso, la prueba, la tramitación —que se sustancia por
los trámites del juicio verbal, salvo que expresamente
se diga otra cosa—, la exclusión de la publicidad y el

acceso de las sentencias a registros públicos. (Véase Ministerio fiscal; Filiación; Procesos sobre filiación, paternidad y maternidad)

Prórroga y rehabilitación de la patria potestad: A ellas se refiere el artículo 171 CC. La patria potestad de los padres se prorroga por ministerio de la ley sobre los hijos que hubieren sido incapacitados durante su minoría de edad, al llegar éstos a la mayoría de edad. Ha de tenerse en cuenta que, con arreglo al artículo 200 CC, «los menores de edad podrán ser incapacitados cuando concurra en ellos causa de incapacitación y se prevea razonablemente que la misma persistirá después de la mayoría de edad». Por otro lado, la rehabilitación de la patria potestad se produce cuando un hijo mayor de edad, soltero, que vive en compañía de sus padres, es incapacitado: en este supuesto, vuelve a «activarse» la patria potestad, que será ejercida por aquél a quien correspondería si el hijo fuera menor de edad. Esta representación legal será ejercitada con arreglo a lo dispuesto en la sentencia de incapacitación, y subsidiariamente por cuanto se regula en el CC en materia de relaciones paterno-filiales. (Véase Emancipación; Adopción; Guarda y custodia; Guarda y custodia compartida; Extinción de la patria potestad; Abandono de familia; Abandono de menores e incapaces)

Régimen de visitas: Deriva del derecho de comunicación, visitas y estancias que ostenta el progenitor que no tiene consigo a sus hijos. El art. 94 del CC establece la facultad del progenitor no custodio de relacionarse con los hijos menores o incapacitados, a través del derecho a visitarlos, a comunicarse con ellos y a tenerlos en su compañía. El precepto, que parte del supuesto de que no existe acuerdo entre ambos progenitores, indica que es el juez quien ha de determinar el tiempo, modo y lugar del ejercicio de ese derecho, y también es éste quien podrá limitar o suspender, si de dan graves circunstancias que así lo aconsejan, o se incumple grave o reiteradamente los deberes impuestos por la resolución judicial. También se regula en este precepto el derecho de comunicación y visitas de los nietos con los abuelos, teniendo siempre presente el interés del menor. (Véase SEPARACIÓN; DIVORCIO; PATRIA POTESTAD; GUARDA Y CUSTODIA; GUARDA Y CUSTODIA COMPARTIDA)

SEPARACIÓN DEL MATRIMONIO: Situación en la que subsiste el vínculo conyugal pero se suspende la vida en común de los cónyuges, con la consiguiente transformación de sus derechos y deberes. Puede ser de hecho —cuando los cónyuges simplemente dejan de vivir juntos— o declarada judicialmente. El CC regula la separación declarada judicialmente o separación legal en los artículos 81 a 84. La separación comporta la intención de permanecer en la situación de ruptura de la convivencia. Desde la reforma de 2005, introducida por la Ley 15/2005, de 8 de julio, por la que se modifican el Código Civil y la Ley de Enjuiciamiento Civil en materia de separación y divorcio, ya no se exige causa para la separación.

En ese sentido, la nueva redacción del artículo 81 establece que «se decretará judicialmente la separación, cualquiera que sea la forma de celebración del matrimonio: 1° A petición de ambos cónyuges o de uno con el consentimiento del otro, una vez transcurridos tres meses desde la celebración del matrimonio. A la demanda se acompañará una propuesta de convenio regulador redactada conforme al artículo 90 de este Código. 2° A petición de uno solo de los cónyuges, una vez transcurridos tres meses desde la celebración del matrimonio. No será preciso el transcurso de este plazo para la interposición de la demanda cuando se acredite la existencia de un riesgo para la vida, la integridad física, la libertad, la integridad moral o libertad e indemnidad sexual del cónyuge demandante o de los hijos de ambos o de cualquiera de los miembros del matrimonio».

La sentencia de separación produce la suspensión de la vida en común de los casados, y elimina la posibilidad de vincular bienes del otro cónyuge en el ejercicio de la potestad doméstica —artículo 83—.

La reconciliación pone término al procedimiento de separación y deja sin efecto ulterior lo resuelto en él, pero los cónyuges deberán poner aquélla en conocimiento del juez que entienda o haya entendido en el litigio —art. 84—.

Con arreglo a lo establecido en el artículo 770 LECiv/2000 las demandas de separación de matrimonio se sustanciarán por los trámites del juicio verbal. (Véase Convenio regulador de la separación o divorcio de mutuo acuerdo; Divorcio; Efectos comunes a la nulidad, la separación y el divorcio)

Lecturas recomendadas

BADINTER, Elisabeth: *Por mal camino*, Madrid, Alianza Editorial, 2004.

La catedrática de Filosofía en la Escuela Politécnica de París y discípula de Simone de Beauvoir plantea críticas fundamentadas sobre la deriva del feminismo hacia posturas radicales que están provocando un enfrentamiento artificial entre sexos, así como la marginación de todas aquellas mujeres que no encajan con el modelo que el pensamiento oficial del feminismo propugna.

WALLERSTEIN, Judith, Julia LEWIS y Sandra BLAKESLEE: *El inesperado legado del divorcio*, Madrid, Editorial Atlántida, 2001.

Estas autoras, reconocidas profesionales en el estudio de las secuelas del divorcio en los niños, rompen mitos sobre el divorcio. En el libro se recogen comentarios de adultos sobre sus vivencias infantiles relacionados con el divorcio de sus padres, lo que puede hacer reflexionar a muchos de los padres y profesionales que piensan que todo puede superarse con facilidad.

Richi, Isolina: *Mom's House, Dad's House*, Nueva York, Fireside, 1997.

Un libro lleno de consejos, comentarios y estrategias apoyados en las décadas de trabajo profesional de la autora y convertido en un clásico anglosajón. El realismo en su acercamiento al problema del divorcio aporta una visión que el lector sentirá cercana.

Aguilar Cuenca, José Manuel: *Síndrome de Alienación Parental*, Córdoba, Editorial Almuzara, 2004.

El primer y más completo libro que se ha publicado en lengua española sobre el proceso de manipulación de los hijos en los divorcios contenciosos. Desde un lenguaje claro y sencillo se explica a los padres y profesionales cómo se produce la manipulación de los hijos, cómo diagnosticarla, evitarla y superarla.

Aguilar Cuenca, José Manuel: *Con mamá y con papá*, Córdoba, Editorial Almuzara, 2006.

La custodia compartida explicada con sencillez y avalada por cientos de investigaciones científicas que desmontan los principales inconvenientes que se han querido enfrentar a la que se considera la mejor alternativa de custodia para los hijos cuando sus padres se divorcian.

Bibliografía

AMATO, P. R. y B. KEITH: «Parental divorce and adult well-being: A meta-analysis», *Journal of Marriage and the Family*, 53:43-58, 1991.

AMERICAN PSYCHOLOGICAL ASSOCIATION: *Report to the U.S. Comission on Child and Family Welfare*, APA, 1995.

BLUSH, G. J. y K. L. ROSS (1987): «Sexual allegations in divorce: the SAID syndrome», *Conciliation Courts Review*, 25(1):1-11.

BOWLBY, J.: «On knowing what you are not supposed to know and feeling what you are not supposed to feel», en *A Secure Base: Parent-Child Attachment and Healthy Human Development*, Nueva York, Basic Books, 1988, pp. 99-118.

CASTILLA DEL PINO, C.: *El delirio, un error necesario*, Oviedo, Ediciones Nobel, 1998.

FARIÑA, F., R. ARCE y M. NOVO: «Heurístico de anclaje en las decisiones judiciales», *Psicothema*, 14(1), 2002, pp. 39-46.

FARIÑA, F., R. ARCE y M. SEIJO: «Razonamientos judiciales en procesos de separación», *Psicothema*, 17(1), 2005, pp. 57-63.

FERNÁNDEZ MARTÍNEZ, J. M.: *Diccionario jurídico*, Cizur Menor, Editorial Aranzadi, 2001.

GARDNER, R.: *Parental alienation syndrome: A guide for mental health and legal professionals*, Cresskill (Nueva Jersey), Creative Therapeutics, 1992.

GOLDSTEIN, J., A. FREUD y A. SOLNIT: *Beyond the Best Interest of the Child*, Nueva York, New York Press, 1973.

GONZÁLEZ POVEDA, P. Y P. GONZÁLVEZ VICENTE: *Tratado Derecho de familia: aspectos sustantivos y procesales*, Madrid, Editorial Sepin, 2005.

HILL, M.: *Sharing Child Care in Early Parenthood*, Londres, Routledge & Kegan Paul Books Ltd, 1987.

KELLY J. B.: «Examining Resistance To Joint Custody», en Jay FOLBERG (ed.), *Joint Custody and Shared Parenting*, Nueva York, Guildford Press, 1991.

LAMB, M. E.: «Fathers: The Forgotten Contributors to Child Development», *Human Development*, vol. 18, 1975, pp. 245-262.

— «Predictive implications of individual differences in attachment», *Journal of Consulting and Clinical Psychology*, 55, 1987, pp. 817-824.

— «Father and Child Development: An Introductory Overview and Guide», en M. E. LAMB (ed.), *The role of the father in child development*, Nueva York, Wiley, 1997, pp. 1-18.

SCHAFFER, H. R.: *Decisiones sobre la infancia*, Madrid, Visor, 1994.

WILLIAMS, F. S. «Child Custody and Parental Cooperation», *Family Law*, American Bar Association, agosto de 1987.